図説

英国 クイーンとプリンセス

Cha Tea 紅茶教室

河出書房新社

目次

序章

王妃や、王女は、今も昔も人びとの注目を集める運命にある。どこの国、家から嫁いできたのか、持参金はどれくらい？　どのような性格か。王との仲はいかに？　ファッションセンスは？　愛用のブランドは？　仲のいい友人は？　子どもは何人？　教育方針は？　人びとの興味は尽きない。

二〇二二年に崩御《ほうぎょ》されたエリザベス二世（一九二六〜二〇二二）の人生も、波瀾万丈、ドラマチックだ。女王は自身のこと以上に、家族の問題に振り回された生涯だった。突然の伯父の退位、父の即位、妹の結婚問題、三人の子どもたちの離婚、孫の王室離脱……これでもかと襲いかかる困難。それでも、公の場に立つ女王は自然な笑顔を保ち、常にユーモアを忘れない器の大きさを感じさせてくれた。そんな女王の活力、心の慰めは、愛犬の世話と日々のティータイムだったそうだ。公務のある日でも女王は毎日一七時になると好みのケーキと紅茶で、くつろぎのひとときをすごした。嬉しいときも、悲しいときもそこにはお茶がある。それは、英国人のアイデンティティの支えなのかもしれない。

今では日々の生活に欠かせない茶が英国に輸入されたのは一七世紀だった。茶の輸入で英国に多大な貢献をしたイギリス東インド会社は、一六〇〇年、テューダー朝の最後の君主エリザベス一世（一五三三〜一六〇三）から特許状を得て、正式に国から認可された組織として設立された。その後イギリス東インド会社は東洋貿易をめぐり、一六〇二年に設立されたオランダ東インド会社と競い合うことになる。

オランダ東インド会社は、一六一〇年に東洋の神秘薬とあがめられた茶の輸入を実現させる。残念ながらエリザベス一世は茶を口にすることなく一六〇三年に崩御した。

エリサベス一世が後継者に指名したスコット

ランド王ジェームズ六世（一五六六〜一六二五）は、イングランド・アイルランド王ジェームズ一世として一六〇三年に即位した。ジェームズ一世は「王権神授説」の基礎を作ったが、国王と宝石好きだった王妃アン・オブ・デンマーク（一五七四〜一六一九）の浪費は国の財政を逼迫《ひっぱく》させ、最終的には議会との対立を生んでしまう。王妃は王との間に三男四女をもうけたが、成人したのは一男一女であった。長男ヘンリーは国民に人気があったが、一八歳で早逝したため、次の王になったのは次男のチャールズ一世（一六〇〇〜四九）だ。そして長女のエリザベス（一五九六〜一六六二）はプファルツ選帝侯フリードリヒ五世（一五九六〜一六三二）の妃となり、その孫はハノーヴァー朝初代の国王ジョージ一世（一六六〇〜一七二七）として君臨することとなる。アン・オブ・デンマークの血脈は今も英国王室に生きているのだ。

チャールズ一世はフランス王女ヘンリエッタ・マリア・オブ・フランス（一六〇九〜六九）を妻とする。カトリック信者だったヘンリエッタは英国国教会での戴冠《たいかん》を拒否したため、国民には人気がなかった。一六四二年から始まった清教徒革命により、立場が危うくなった国王夫妻は別居生活を余儀なくされた。そして内戦が最高潮となった一六四四年、ヘンリエッタは実家のあるフランスへ亡命した。

一六四九年、チャールズ一世が処刑されると、彼女の生活も厳しいものとなり、自らが建てた修道院で生活するようになる。英国内では、一六五〇年代に茶がコーヒーハウスと呼ばれる社交場で供されるようになったが、残念ながらヘンリエッタはそのことを知るよしもなかった。しかし同時代、甥にあたるルイ一四世（一六三八〜一七一五）が薬としての喫茶《きっさ》を嗜《たしな》んだ記録があるため、伯母である彼女の口に茶が入った可能性は否定できない。

一六六〇年の王政復古で長男がチャールズ二世（一六三〇〜八五）として国王に即位すると、ヘンリエッタはともに英国へ帰還した。息子の嫁になった同じカトリック信者のキャサリン・オブ・ブラガンザ（一六三八〜一七〇五）にとっては頼りの姑となったが、一六六五年には療養のため再びパリへと戻り、その四年後に亡くなっている。王位は長男チャールズ二世から次男ジェームズ二世（一六三三〜一七〇一）へ、そして三人の孫に引き継がれた。

本書では英国王室に喫茶習慣を根づかせたキャサリン・オブ・ブラガンザ以降の女王と王妃二二名の人生を物語で紡ぐ。王に愛された王妃もいた、王を憎んだ王妃もいた。現在の英国王室の礎《いしずえ》を作った女性たちの二二の物語を楽しんでいただければ幸いだ。

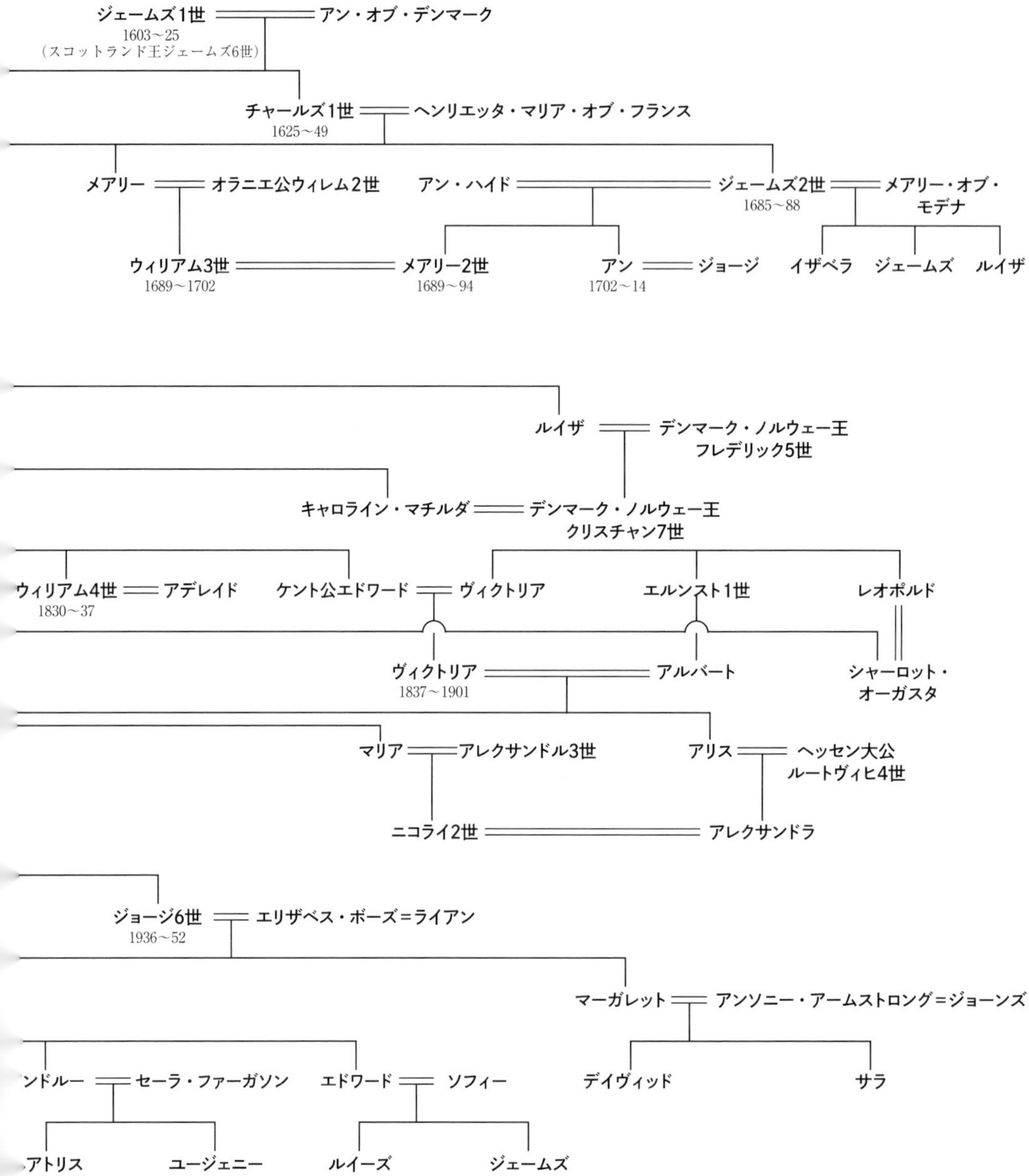

ジェームズ1世
1603〜25
(スコットランド王ジェームズ6世)
アン・オブ・デンマーク
チャールズ1世
1625〜49
ヘンリエッタ・マリア・オブ・フランス
メアリー
オラニエ公ウィレム2世
アン・ハイド
ジェームズ2世
1685〜88
メアリー・オブ・モデナ
ウィリアム3世
1689〜1702
メアリー2世
1689〜94
アン
1702〜14
ジョージ
イザベラ
ジェームズ
ルイザ
ルイザ
デンマーク・ノルウェー王
フレデリック5世
キャロライン・マチルダ
デンマーク・ノルウェー王
クリスチャン7世
ウィリアム4世
1830〜37
アデレイド
ケント公エドワード
ヴィクトリア
エルンスト1世
レオポルド
ヴィクトリア
1837〜1901
アルバート
シャーロット・オーガスタ
マリア
アレクサンドル3世
アリス
ヘッセン大公
ルートヴィヒ4世
ニコライ2世
アレクサンドラ
ジョージ6世
1936〜52
エリザベス・ボーズ=ライアン
マーガレット
アンソニー・アームストロング=ジョーンズ
ンドルー
セーラ・ファーガソン
エドワード
ソフィー
デイヴィッド
サラ
アトリス
ユージェニー
ルイーズ
ジェームズ

＊年は在位年を示す

家系図

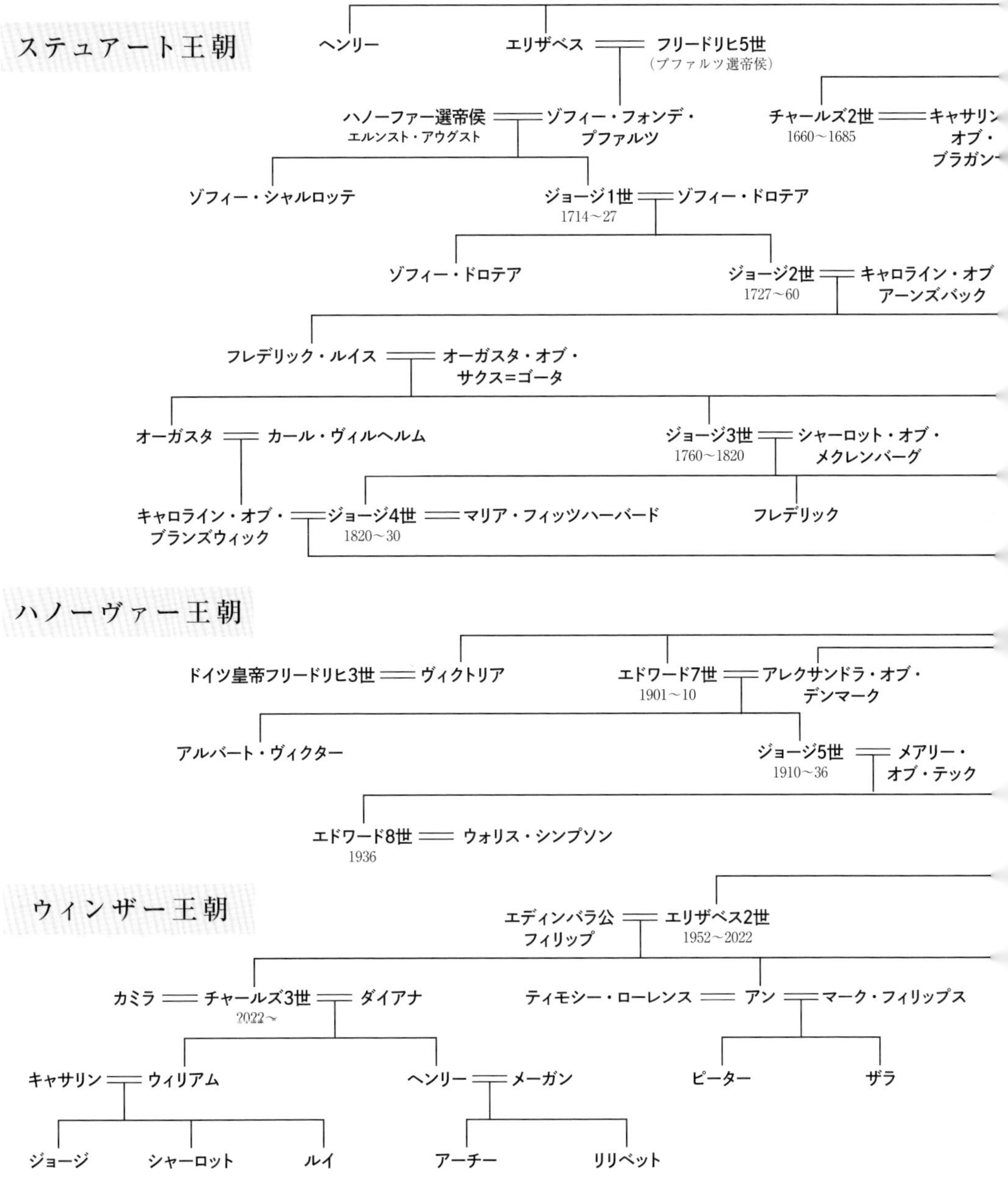
ステュアート王朝
ヘンリー
エリザベス
フリードリヒ5世
（プファルツ選帝侯）
ハノーファー選帝侯
エルンスト・アウグスト
ゾフィー・フォンデ・プファルツ
チャールズ2世
1660～1685
キャサリン・オブ・ブラガン
ゾフィー・シャルロッテ
ジョージ1世
1714～27
ゾフィー・ドロテア
ゾフィー・ドロテア
ジョージ2世
1727～60
キャロライン・オブ・アーンズバック
フレデリック・ルイス
オーガスタ・オブ・サクス=ゴータ
オーガスタ
カール・ヴィルヘルム
ジョージ3世
1760～1820
シャーロット・オブ・メクレンバーグ
キャロライン・オブ・ブランズウィック
ジョージ4世
1820～30
マリア・フィッツハーバード
フレデリック
ハノーヴァー王朝
ドイツ皇帝フリードリヒ3世
ヴィクトリア
エドワード7世
1901～10
アレクサンドラ・オブ・デンマーク
アルバート・ヴィクター
ジョージ5世
1910～36
メアリー・オブ・テック
エドワード8世
1936
ウォリス・シンプソン
ウィンザー王朝
エディンバラ公フィリップ
エリザベス2世
1952～2022
カミラ
チャールズ3世
2022～
ダイアナ
ティモシー・ローレンス
アン
マーク・フィリップス
キャサリン
ウィリアム
ヘンリー
メーガン
ピーター
ザラ
ジョージ
シャーロット
ルイ
アーチー
リリベット

物語
1

キャサリン・オブ・ブラガンザ

1638~1705

英国への二つの持参金

一六六二年一一月二五日、ウィンザー宮殿で開かれた新王妃キャサリン・オブ・ブラガンザ（一六三八～一七〇五）の誕生日祝いの席で、宮廷詩人エドマンド・ウォーラー（一六〇六～八七）は王妃が英国にもたらした二つの贈り物を賞賛した。ひとつは茶、もうひとつは茶の生産地へ通じる航海路だった。

「茶によせて」
ヴィーナスが身にまとう天人花《てんにんか》
アポロが冠る月桂樹
そのいずれにも勝る茶を
陛下はうやうやしく礼讃された
最高の王妃そして最高の木の葉
それは日いずる美しい地にいたる
道を示してくれた
かの勇敢なる国のおかげ
その地で採れるその豊かな飲み物を
我らは賞《め》でる
詩神の友である茶は
我らを癒す極上の品
頭に立ちこめるよからぬ妄想を鎮め
魂の宮殿の平静を保つ
王妃の誕生日を祝うに
ふさわしい飲み物

キャサリンは第八代ブラガンサ公ジョアン（一六〇四～五六）の次女として誕生した。リスボンの修道院で敬虔《けいけん》なカトリック信者としての教育を受けた彼女が、嫁ぐ前に修道院の外に出た経験は両手で数えられるほどだった。父は一六四〇年にポルトガル国王ジョアン四世として即位、スペインからの独立を宣言する。しかしそれはスペインとの戦争の始まりだった。頼りにしたのが英国との同盟だった。同盟の見返りに、王はキャサリンを英国のチャールズ皇太子に嫁がせることを約束した。しかし英国での清教徒革命により、結婚は頓挫《とんざ》。一六六〇年の王政復古によりチャールズが英国に帰還し、やっと実現の流れになった。一六六一年キャサリンの信仰の自由を守ることを含んだ「婚姻条約」が結ばれた。父王はすでに亡くなっており、弟が王、母が摂《せっ》政《しょう》となっていた。

　ポルトガルの王宮シントラには、首に王冠をかけた二七羽の白鳥が描かれた「白鳥の間」という美しい部屋がある。

新婚間もないチャールズ２世とキャサリン王妃のお披露目の舞踏会。（1822年版）

白鳥は生涯パートナーを変えない。一家はこの部屋にキャサリンとチャールズ二世の肖像画を飾り、結婚生活の安寧《あんねい》を祈願した。

一六六二年五月、キャサリンは英国のポーツマスに上陸した。ポルトガルからの船旅は長く、嵐を乗り越えてきたキャサリンは、下船するとすぐに酔い覚ましに茶を所望した。しかし当時の英国宮廷には喫茶《きっさ》の習慣はなく、出されたのはグラス一杯のエールだった。結婚式を挙げたポーツマス大聖堂には、二人の結婚証明書と、ポルトガルから教会に贈られたタンジール製のシルバーの食器が保存されている。

信仰の自由は約束されていたものの、宗教上の理由から戴冠式《たいかんしき》を拒否した新王妃は、国民からの支持を得ることは難しかった。それでも結婚翌年に、初めての子を授かったときには、国民は歓喜した。しかし彼女は流産する。これ以後も王妃は計四回妊娠するが、残念ながら王の子どもを産むことはできなかった。多くの貴族たちがチャールズ二世に離婚を進言したが、国王は常に王妃を擁護した。しかし「陽気な王」と慕われた王は、生涯に愛人を一三人、認知した子どもを一四

チャールズ2世妃キャサリン・オブ・ブラガンザ。（Peter Lely/1838年版）

人も抱えた。

王はこれまでの王同様、自身の愛人を王妃の寝室付き女官に任命した。寝室付き女官は、宮廷夫人の中では最高の位だ。新婚当初は夫の仕打ちに戸惑ったキャサリンだったが、夫が彼女の王妃としての尊厳を守ってくれることと引き替えに、あまたの愛人を受け入れるしかなかった。

語り継がれる優美な茶会

キャサリンは持参金として銀三〇万スターリングと、船三隻に満載した茶と砂糖とスパイスを英国に持ち込んだ。さらにインドのボンベイ(現・ムンバイ)、北アフリカのタンジールの譲渡権も大きな土産だった。ボンベイは王妃の嫁入り後、年間賃料一〇ポンドでイギリス東インド会社に賃貸され、茶貿易の重要な拠点となった。

一六六四年インドネシアのバンタムから帰航したイギリス東インド会社は、銀のケースに入ったシナモンオイルと、良質の緑茶を王室に献上した。チャールズ二世は、その一部をキャサリンに与えた。以後、茶は輸入品リストに必ず載るようになったという。

王妃の茶会は彼女の寝室やクローゼットが舞台となった。クローゼットはベッドルームの隣にあるプライベートな部屋だ。キャサリンはクローゼットに、東洋から輸入した茶簞笥《ちゃだんす》を並べ、中国や日本の磁器を飾り茶会の雰囲気を盛り上げた。茶会には夫の愛人も参加したという。

刺激の強い茶で胃を痛めないために、茶を飲む前にバターつきのパンを食べるという習慣や、茶に砂糖やサフランを入れる贅沢な飲み方も、新しい流行として歓迎された。茶会ではポルトガルから取り寄せたオレンジで作ったマーマレードを出すこともあった。英国宮廷内に喫茶の流行を作り上げたキャサリンは、「ファースト・ブリティッシュ・ティー・ドリンキング・クイーン」と讃えられた。キャサリンの優美な茶会は現在も語り継がれている。

一六八五年、チャールズ二世崩御。王は死の床で自分がカトリック信者であることを告白したともいわれている。真実は謎だが、英国の王のそのような発言が認められるわけもなく、彼は英国国教会の儀式で見送られた。陽気な王のこと、それは長年連れ添ってきたカトリック信者である王妃や、すでにカトリック信仰を公言していた弟への気づかいだったのかもしれない。王位は弟ジェームズ二世(一六三三〜一七〇一)に引き継がれた。しかし一六八八〜八九年の名誉《めいよ》革命《かくめい》でジェームズ二世が王位を追われ、チャールズ二世の甥と姪であるプロテスタント信者のウィリアム三世(一六五〇〜一七〇二)とメアリー二世(一六六二〜九四)の共同統治が始まると、元王妃を取り巻く環境は悪化する。

一六九三年、キャサリンは故郷に帰国した。母、上の弟はすでに亡くなっており、一〇歳年下の次弟ペドロ二世(一六四八〜一七〇六)の治世となっていた。三一年の長い旅だった。帰国祝いは三日間にわたり、王は異国での姉の苦労をねぎらい摂政の地位を与えた。

一七〇五年、キャサリンは六七年の生涯を閉じた。亡骸はサン・ヴィセンテ・デ・フォーラ修道院のブラガンザ家の霊《れい》廟《びょう》に安置された。最後に暮らしたベンポスタ宮殿の前には、少女時代のキャサリンの銅像が建てられている。その手にはカトリック信者の証《あかし》である十字架が握られており、彼女の信仰心の篤さは現在もポルトガル人の誇りとなっている。

Column

ブルー&ホワイトのティーボウル

ティーボウルは今の湯呑みより小ぶりだ。

東洋の茶を飲む際に用いられた、小ぶりの湯呑みと受け皿の組み合わせは「ティーボウル」の愛称で知られた。キャサリン・オブ・ブラガンザは輿入《こしい》れの際に、茶とともにそれを楽しむ器も英国の宮廷に持ち込んだ。美しい東洋のブルー&ホワイトの器は人びとを魅了する。絵付けは山水画が主だ。異国の風景は茶会をよりエキゾチックなものにした。

一七世紀、英国で流通した茶の多くは中国緑茶だった。小さな急須に茶葉を入れ、湯を注ぐ。そこから立ちのぼる、香ばしく、フレッシュな香り。ブルー&ホワイトの器は、茶を注がれると途端に生き生きとする。茶器を愛《め》で、茶を飲み、茶請けの砂糖を頬ばる。人を喜ばせることが好きだった王妃キャサリンは、親しくなった貴族たちに、ポルトガルから取り寄せた茶器をプレゼントすることもあったそうだ。

ナショナル・ポートレートギャラリー

好色家だったチャールズ２世。あまたの愛人の肖像画も飾られている。キャサリン王妃は左下。

ナショナル・ポートレートギャラリーはロンドンの中心地、トラファルガー広場の側に位置するナショナル・ギャラリーの別館、肖像画専門の美術館だ。英国の歴史や文化に影響を与えた人物の肖像画、彫刻、写真、イラストなどあらゆる形態のポートレートを一五万点以上所持し、うち一〇〇〇〜一五〇〇点以上を展示している。展示はそれぞれの人物の功績を讃えるとともに、それらの人びとに対する見聞を深めることを目的としている。

コレクションされている肖像画の多くは、王侯貴族だ。なかでも、英国王室の面々の肖像画は見所のひとつとなっている。キャサリン・オブ・ブラガンザの肖像画は、チャールズ二世の肖像画とともに飾られている。まわりには王の愛人の肖像画も多数飾られている。彼女がおかれた宮廷の人間模様が見えるようだ。

物語 2

メアリー・オブ・モデナ

1658~1718

波瀾万丈の幕開け

一六八八年一二月一〇日嵐の夜、メアリー・オブ・モデナ（一六五八～一七一八）は生後半年の幼い王子ジェームズ・フランシス・エドワード（一六八八～一七六六）を連れてロンドンを脱出し、小舟に乗り込んだ。寒さに凍えながら、これから真冬の海を越え、ルイ一四世を頼りフランスに亡命する。気がかりは夫だ。約束どおり、後を追ってくるのか。不安は尽きない。しかしなぜこんなことになってしまったのだろう？

運命の日からさかのぼること三〇年前の一六五八年一〇月五日、モデナ＝レッジョ公国の公位を継いだばかりのアルフォンソ四世・デステ（一六三四～六二）の長女としてメアリー・オブ・モデナは誕生した。二年後には跡継ぎである弟も生まれ、公国は祝福にわいた。しかし喜びもつかの間、一六六二年アルフォンソ四世は急逝する。フランスのマザラン宰相（一六〇二～六一）の姪であった母は、幼い息子に代わり摂政として国の舵取《かじと》りをすることとなった。メアリーは将来カトリックの修道女になることを望んでいたが、弟と公国を守るため、有益な国に嫁ぐ決意をする。

英国の王位継承第一位であるヨーク公ジェームズとの結婚が決まったのは一四歳のときだった。ジェームズは一六六八～六九年頃にカトリックに改宗し、再婚相手にカトリックの花嫁を求めていた。一六七三年一〇月、彼女は英国へ旅立った。途中パリに立ち寄りルイ一四世に謁《えっ》見《けん》する。幼い頃メアリーの母と親しくしていた国王は、彼女の結婚を祝した。一一月後半、メアリーはドーバーに上陸し、花婿と対面する。覚悟はしていたが、一五歳のメアリーにとって、四〇歳のジェームズとの結婚は受け入れがたく、初対面では頬を涙が伝った。

英国では高官位に就く者はカトリック教徒でないことを誓う「審査法」が成立したばかりで、メアリーの輿入《こしい》れは国民や議会に歓迎されなかった。翌年の春、メアリーは最初の子どもを流産した。次の年に誕生した娘は一歳の誕生日前に夭《よう》逝《せい》、次の妊娠は死産だった。一六七六年の夏、娘イザベラ（一六七六～八一）を産むも、翌年に産んだ待望の長男は生後一か月で夭逝してしまう。以後も流産、死産が繰り返され子どもに恵まれなかった。

メアリーはジェームズの先妻の娘メアリー（一六六二～九四）とアン（一六六五～一七一四）との関係を築くための努力もした。義娘メアリーは、年が近かったこともあり、また彼女自身もオランダに

MARIE ELEONOR D'ESTE
Epouse de Jacques II Roy de la Grande
Bretagne

メアリー・オブ・モデナ、29歳の肖像画。（A. van der Werff/1730年版）

嫁ぐことが決まっていたため境遇も近く、早くに心が通じ合った。しかし、七歳年下のアンにはなかなか親しくしてもらえなかった。

一六七八年オランダに嫁いだ義娘メアリーが、二度流産を経験したと知らせがきた。メアリーはいても立ってもいられなくなり、アンを連れてオランダのハーグに見舞いに行く。この際にオランダ宮廷で流行中の喫茶の習慣「お茶を受け皿に移して飲む」ことも経験する。

帰国後夫が兄チャールズ二世を暗殺し、王位を奪おうとしているという「カトリック陰謀説」が広まり、ジェームズとメアリーは国王から騒動がおさまるまで英国を離れるよう指示される。夫婦は義娘メアリーを頼りオランダへ行き、その後ブリュッセルに滞在した。

一六八〇年、夫が国王名代としてスコットランドの統治を任され、エディンバラのホリールード宮殿へ移る。しかし一人娘イザベラは、カトリック教徒の謀反《むほん》を牽制《けんせい》するため、人質としてロンドンに残すこととなる。代わりにアンが来てくれた。まだ喫茶習慣の根づいていないスコットランドの宮廷では、メアリーの開いた茶会は人びとを魅了した。スコットランドでは、気晴らしもできた。好きだった乗馬を楽しみ、冬は雪合戦も楽しんだ。メアリーの乗馬の上手さに感激した夫は、騎乗姿の彼女の肖像画を描かせ執務室に飾った。

一六八一年の初頭、ロンドンでは、夫ジェームズの王位継承権剝奪についての法案が議論されており、チャールズ二世が必死に弟をかばっていた。そんななか、ロンドンにおいてきた娘イザベラが突然の病で夭逝してしまう。翌年、ロンドンに戻ることを許されるも、娘を失った悲しみは晴れなかった。

一六八五年二月六日、チャールズ二世が崩御した。王には男児の非嫡子《ひちゃくし》がいたが、弟ジェームズに国を託して亡くなった。こうしてメアリーは二六歳で王妃になった。

即位後いくつかの反乱分子が立ち上がるが、これを機に夫は国王の常備軍の拡大を議会に認めさせることに成功した。ここから新国王の逆襲が始まる。一六八六年、ジェームズ二世はカトリック教徒の多くを最高位の役職に任命、翌年には信仰の自由宣言をし、審査法の廃止も決定する。彼は二人の娘メアリーとアンにもカトリックへの改宗を迫った。しかしすでにプロテスタント信者と結婚していた娘たちは従わず、しだいに宮廷に近寄らなくなった。

国王になった夫は今までの我慢からか尊大になった。以前から女遊びには目がなかったが、この頃深い仲になっていた愛人とは、メアリーに対する配慮も感じられない付き合い方をし、彼女を苦しめた。ローマにいた母の死も重なり、メアリーは精神が衰弱していった。国のために王子を産まなくてはいけない。愛人と別れない限り子作りはできないと迫るメアリーに、ジェームズ二世は折れ、愛人は宮廷から追放された。

夫妻の願いは天に届き、一六八八年六月一〇日、メアリーは息子ジェームズ・フランシス・エドワードをセント・ジェームズ宮殿で産んだ。夫妻はプロテスタント信者で、国民に人気のあったアンに出産の立ち会いを望んだが、アンは父王の命令に背きこなかった。前王妃キャサリン・オブ・ブラガンザが立ち会うも、彼女もまたカトリック教徒だったため、男児の誕生を望まぬ議会の人間からは、死産の子が取り替えられた、男女がすり替えられたなどと揶揄《やゆ》された。

ウィリアム２世の上陸の知らせを聞き、うなだれるジェームズ２世と、手紙をのぞき込むメアリー・オブ・モデナ王妃。
生まれたばかりの王子が右に描かれている。（Isaac Cruikshank/1875年版）

名誉革命の行く末

カトリックの跡継ぎは認められぬ……と、議会はオランダのメアリーとその夫ウィリアムに王座を継ぐように要請する。名誉革命の始まりだ。一一月五日、ウィリアムが五万のオランダ軍を従えてデボンに上陸。あろうことか、国軍のプロテスタント信者の多くはウィリアム軍に寝返った。息子を守らねば！　こうして、一二月一〇日、メアリーは幼子を連れてロンドンを脱出、ルイ一四世を頼りフランスに亡命した。夫はウィリアム軍に捕らえられてしまうが、亡命が許され、フランス宮廷で家族は無事再会を果たした。

一六八九年二月、メアリー二世、ウィリアム三世の共同統治が始まる。もちろんジェームズ二世は娘と婿の裏切りを許さなかった。彼は王位奪還をめざしフランス軍の援護を受けてアイルランドに上陸。夏まで厳しい戦いが続くも、勝利には至らなかった。

ルイ一四世は彼らに、サンジェルマン・アン・レイ城での暮らしを許した。「王《おう》権神授説《けんしんじゅせつ》」が信仰されているフランス宮廷では、君主を追放することは議会の特権ではないという意見が大半だったため、英国王妃の肩書きを持つメアリーは高位の宮廷人として大切にされた。ルイ一四世の秘密の妻ともいわれたマントノン夫人（一六三五〜一七一九）とは友人にもなった。

一六九二年に産んだ娘ルイザ・マリア・テレサ（一六九二〜一七一二）も、英国王女としてフランス宮廷に受け入れられた。出自を疑われた息子の二の舞にしたくない思いから、英国のメアリー二世に子どもの誕生に立ち会うように手紙を書くも、返事はなかった。そんなメアリー二世も一六九四年、天然痘《てんねんとう》でこの世を去った。

一六九六年、ジェームズ二世を支持するカトリック信者ジャコバイトにより、ウィリアム三世暗殺計画が画策される。しかし結果は敗北だった。彼女は夫の、そして息子の大義のために宝石を売ったり、故国にも援助を求めたりした。

一七〇一年、ジェームズ二世は脳出血で崩御する。ルイ一四世はメアリーの息子ジェームズをイングランド・スコットランド王ジェームズ三世だと宣言し、スペイン、ローマ教皇、モデナ公国も彼の王位を認めた。メアリーは息子の摂政として、彼の王位の主張を記載した文書を作成し、イングランド・スコットランド議会に送る。しかし改宗をしない限り権利は主張できないと冷たい返事が返ってきた。政治のために信仰を変えることはできない、その信念はぶれなかった。

一七〇二年、ウィリアム三世が崩御する。王位はアンに引き継がれた。スコットランドのジャコバイトから、王位奪還に向けて挙兵の要請があったが、メアリーは成人前の息子を戦場に立たせることはできないと断った。息子は成人するとジャコバイトと結託し、王位奪還の侵攻計画にかかわるようになるが、それには口を出さなかった。メアリーはフランス王女であった義母ヘンリエッタ・マリアが設立したシャイヨ修道院で多くの時間をすごすようになる。

一七一二年、息子と娘が続けて天然痘にかかる。息子は助かったが、ルイザは命を落とす。一九歳だった。ルイザはダンスやオペラを好む陽気な性格で、フランス宮廷の人気者だった。そして自分の家族のためにジャコバイトたちが多大な犠牲を払って亡命生活に耐えていることに深く心を痛める心優しい少女でもあった。結婚話もあったが、亡命中の身であることが懸念となり実現しなかった。母として、こんなに悲しいことがあるだろうか。

一七一四年、アン女王も崩御した。後任は、ドイツのハノーヴァー家のジョージ一世だった。ジェームズ三世はそれを認めず、復位をめざしてスコットランドで反乱を扇動するも敗北に終わる。復位の夢は孫たちに託されることとなる。

一七一八年五月七日、メアリーは五九歳で亡くなった。亡骸《なきがら》はシャイヨ修道院に葬られた。一五歳で英国に嫁いで四四年。家族のために嫁ぎ、家族のために亡命した。数え切れないほどの身内の死を見送った。環境は大きく変わったが、変わらなかったのは信仰心だ。幼い頃の願いどおり、メアリーの晩年は神に祈る日々だった。

メアリーは名誉革命が起こると、息子ジェームズを抱いてフランスに逃れた。(1796年版)

Column

ヴィッラ・デステ

イタリア名マリーア・ベアトリーチェ・エレオノーラ・アンナ・マルゲリータ・イザベッラ・デステ、英名メアリー・オブ・モデナの実家エステ家は、一〇世紀以来エステ辺境伯《へんきょうはく》の地位を世襲し、やがてこれを家名とした。一五九八年以降は、モデナ＝レッジョ公国として存続した。エステ家の別荘があるティヴォリはローマ近郊にある。古代ローマ時代から上流階級の保養地として知られた場所だ。一六世紀半ば、エステ家の枢機卿イッポーリト二世・デステ（一五〇八～五九）は隠居生活のためにこの地にヴィッラ・デステを築いた。庭園内には、ギリシャ、ローマ時代をモチーフとした五〇〇にもおよぶ噴水がある。なかでも噴水の水圧を利用してパイプオルガンを演奏させる「オルガンの噴水」は見事だ。後期ルネッサンス期の代表的な庭園はイタリア一美しい噴水庭園として、二〇〇一年にはユネスコの世界遺産にも登録されている。

フランツ・リスト（一八一一～八六）は晩年ヴィッラ・デステに滞在し、「エステ荘の噴水」を含む三曲を作曲している。キラキラときらめく水の雰囲気を伝えようとする細かい音色は、水しぶきをも連想させる。リストの曲に刺激を受け、ラヴェル（一八七五～一九三七）は「水の戯れ」、ドビュッシー（一八六二～一九一八）は「水に映る影」を生み出した。

エステ家の別荘ヴィッラ・デステ。噴水が見事だ。

ヴェルサイユ宮殿

ヴェルサイユ宮殿は、フランス国王ルイ一四世により、パリの南西二二キロメートルに位置するヴェルサイユに建てられた。宮殿はもともと存在した小さな狩猟の館をベースに、三期にわたる工期を経て完成するが、ルイ一四世は、建築途中の一六八二年に、パリから宮廷をヴェルサイユに移した。一六八八年、名誉革命により英国を追われたジェームズ二世とメアリー・オブ・モデナは、ヴェルサイユに迎え入れられた。英国ウィンザー城のインテリアのモデルは、ヴェルサイユ宮殿だ。宮殿の内装や雰囲気は、亡命してきた二人にとってはウィンザー城を彷彿《ほうふつ》させるものだった。

1686年に完成した「鏡の間」。メアリーもここで舞踏会を楽しんだのだろうか。

ヴェルサイユ宮殿では、定期的に噴水ショーが開催されている。

さらにヴェルサイユ宮殿の庭園はメアリーを懐かしい気持ちにさせた。庭園の至る所に設置された噴水のモデルは、メアリーの実家エステ家の所有したヴィッラ・デステだったからだ。ヴィッラ・デステに憧れたルイ一四世は、それに勝る立派な噴水を作ろうと、水に恵まれていないヴェルサイユに、遠くセーヌ川から水を引くことを決める。水はセーヌ川下流に設置された一四台の巨大な水車を動力とした二〇〇機のポンプにより、丘に引き上げられ、そこから八キロに続く水道橋を通り、ヴェルサイユ宮殿の貯水槽まで運ばれた。噴水庭園は、自然を自在にコントロールする国王の権力の象徴となった。美しい噴水の調べに、メアリーは故国に思いを馳せたにちがいない。

物語
3

メアリー二世

1662~94

王家を翻弄する宗教問題

一六八九年二月一二日、メアリー・スチュアート（一六六二～九四）は夫オランダ総督オラニエ公ウィリアム三世を追って英国に帰国した。オランダに嫁いでから一一年ぶりの帰国だ。国民は歓喜の声を上げ彼女を迎えてくれたが、彼女の心中は複雑だった。

戴冠式に臨むウィリアム３世とメアリー２世。

一六六二年四月三〇日、チャールズ二世の弟ヨーク公ジェームズと、妻アン・ハイド（一六三七～七一）の長女としてメアリーはセント・ジェームズ宮殿に生を享《う》けた。三年後には妹のアン、下にも立て続けに弟や妹が誕生するも多くは成長しなかった。

一六七〇年、母が英国国教会を離脱、カトリックに改宗をする。続いて父もカトリック教徒であることを公言する。伯父チャールズ二世は、メアリー、アン、エドガー（一六六七～七一）の将来を懸念し、子どもたちを両親から離し、リッチモンド宮殿でプロテスタント信者として養育をするように命じた。一六七一年、母は第八子を出産するも夭逝、そしてその一か月後に亡くなった。弟エドガーも幼い命を天に召された。メアリーは父に継ぎ、王位継承第二位の存在となる。

チャールズ二世は、メアリーをプロテ

王冠を前に、メアリー２世の表情はうかない。亡命した父が気がかりなのか。（Edgar Melville Ward/19世紀版）

スタント信者と結婚させようと、妹の子であるオラニエ公ウィリアム三世と従兄妹同士の婚約計画を進める。清教徒革命《せいきょうとかくめい》の際、チャールズ二世が英国を追われ亡命をすると、オランダのオラニエ家に嫁いでいた妹は、実家のために奔走《ほんそう》した。しかし夫のオランダ総督ウィリアム二世（一六二六〜五〇）は、一人息子のウィリアム三世がお腹にいるときに急逝。彼女は未亡人となる。夫の死から八日後、ウィリアム三世が誕生。しかし総督職の世襲制を否定する一派から、英国の実家を優遇しすぎると批判を受けた彼女は、息子と離され、ときには国外ですごさなくてはならない困難に陥る。王政復古が叶った暁《あかつき》には、妹の恩に報いたいと思っていたチャールズ二世だが、英国への帰国が実現した一六六〇年、彼女は天然痘で亡くなった。

　チャールズ二世は、オランダに残された妹の忘れ形見の甥ウィリアム三世を気にかけていたが、フランスとの関係もあり、表立っての支援はできなかった。一六七〇年の秋から翌年の冬にかけ、ウィリアム三世は英国を訪れ、チャールズ二世と会談をした。清教徒革命の際に英国王室がオラニエ家に負っていた莫大な借金の返済についてと、メアリーとの結婚が話題だった。一六七二年、ルイ一四世のフランス軍がオランダに侵攻し、アムステルダムが占領の危機に瀕した際、ウィリアム三世は国防に尽くし、成果を上げた。この活躍が評価され、彼はオランダ総督の地位を認められた。メアリーとの結婚話は本格化する。

そんな折、父ジェームズがカトリック教徒であるモデナ＝レッジョ公国の公女メアリー・オブ・モデナと再婚を決めた。継母は一五歳。メアリーとは四歳しか離れていなかったため、二人はすぐに打ち解けることができた。

一六七七年一一月四日、一五歳になったメアリーはウィリアム三世とロンドンのセント・ジェームズ宮殿で結婚した。式を楽しみにしてくれていた妹のアンは、天然痘にかかり参列が叶わなかった。アンの病は持ち直すも、一一月一九日に英国を離れる際にも、対面しての別れは叶わなかった。故国を離れる寂しさや不安は大きく、気丈なメアリーもロンドンを離れる際には、涙を隠せなかった。

オランダのハーグに到着すると、メアリーは気持ちを切り替え、オランダでの生活に順応していく。オランダ宮廷では、茶を嗜《たしな》む文化が根づいており日々の茶会も楽しかった。オランダ東インド会社が輸入してくる東洋陶磁器の蒐集《しゅうしゅう》にも目覚める。数学、科学、絵画などさまざまな教養を深め、夫をはじめ国民からも評価を受けるも、夫婦関係は難しかった。一二歳年上のウィリアム三世にとって、メアリーは幼く、彼は結婚前からの愛人との関係を継続した。両性を愛せる夫の性癖にも、メアリーは戸惑った。

それでも結婚の翌年、二度の流産を経験する。ありがたかったのは、継母メアリーと妹のアンがハーグまで見舞いに来てくれたことだ。継母メアリーも、度重なる流産、死産を繰り返しており、同じ境遇のメアリーを気づかってくれた。

一六七九年には、チャールズ二世の暗殺計画「カトリック陰謀事件」にかかわったとされた父と継母が、騒動がおさまるまでハーグに滞在することとなる。メアリーは彼らを厚遇しもてなした。オランダで流行していた茶を受け皿に移して飲む喫茶マナーは、その後英国宮廷にも継承される。一六八〇年、三度目の流産を経験したメアリーは以後妊娠をすることがなかった。

一六八三年、故国英国でまた事件が起こる。チャールズ二世の庶子モンマス公爵ジェームズ・スコット（一六四九〜八五）が、王座を狙うという陰謀を企てたと疑われ、メアリーに助けを求めハーグに逃げてきたのだ。モンマス公爵は、清教徒革命の折、皇太子の立場だったチャールズ二世と、恋人ルーシー・ウォルター（一六三〇〜五八）の子としてオランダで生まれた。チャールズ二世は彼を認知し、爵位を与えたが、嫡子《ちゃくし》扱いはしなかった。しかしオランダ時代、チャールズ二世がルーシーと正式に結婚していたと主張する一派は、カトリック信仰を公言している王弟ジェームズより、モンマス公爵の方が王の跡継ぎにふさわしいと考えていた。

一六八五年、伯父チャールズ二世が崩御し、父がジェームズ二世として即位する。戴冠式は四月に行われたが、メアリーは参加しなかった。六月、オランダにいたモンマス公爵が、自らの継承権を主張してスコットランド貴族と組んで反乱を起こす。しかし国軍に敗れ断頭刑となってしまう。ジェームズ二世となった父はカトリックの優遇を強め、議会との対立を深める。国王に意見した者は罷免《ひめん》さ

メアリー２世。（Edward Hargraves/1838年版）

れたり、罪に問われたりした。父に継ぐ王位継承第一位の彼女の元には英国議会から助けを求める者が多く訪れるようになる。

　一六八七年ジェームズ二世から受け入れがたい要望がメアリーの元に届く。ウィリアム三世と離婚して、カトリックに改宗、カトリックの王子と結婚するようにというのだ。メアリーは断固拒否した。結婚後も英国で生活していたアンも、父からの再三の要望に辟易《へきえき》しているようだった。

　翌年、継母メアリーから男児出産の報告が届く。義弟が生まれたことにより、メアリーの英国王の王位継承順位が繰り下がるという連絡だった。メアリーは急ぎアンに手紙を書き、真偽を問いただすも、妹も出産には立ち会っていなかった。継母からの手紙に、彼女は祝いの言葉を曖昧にした返事を返すしかなかった。

名誉革命へ

　一六八八年六月三〇日、英国にカトリックの王が誕生してしまうことを懸念した七人のプロテスタント貴族が、メアリーとウィリアム三世に招請状《しょうせいじょう》を送り、メアリーに英国王の座についてほしいと要請してきた。夫は前向きだった。父や継母を裏切ることになると悩むも、英国国教会を守ることが自分の務めと、メアリーは夫のイングランド侵攻に同意をした。一一月五日、ウィリアム三世は五万の大軍を引き連れてドーバーに上陸。プロテスタント信者による反国王の蜂起《ほうき》も始まり、ロンドン市民も国王排除に立ち上がる。ウィリアム三世は、叔父であるジェームズ二世を殺さず、フランスへの亡命を許し、無血による「名誉《めいよ》革命《かくめい》」が成立した。

　こうして翌年の二月メアリーは王になるために帰国、四月一一日にウェストミンスター寺院で戴冠した。英国議会は、直系であるメアリー一人の戴冠を望んだが、メアリーは夫との共同統治を譲らなかった。子どもは与えられなかったが、国を与えることができた。夫に対する償《つぐな》いだったのかもしれない。

　夫妻は、喘息《ぜんそく》持ちのウィリアム三世の健康を考慮し、ハンプトン・コート宮殿やケンジントン宮殿を住まいとするも、春以降、王座を奪還しようと父ジェームズ二世がスコットランド・アイルランドのジャコバイトと組んで反乱を起こすと、夫は平定のため戦争で留守にするようになる。その後、議会は国王といえども議会の承認なしに、法律の制定や廃止、また課税などをしてはいけないという「権利の章典」を制定、立憲君主制が成立した。夫妻は互いに互いの摂政となり、メ

ハンプトン・コート宮殿。

アリーは君主として国民に寄り添った。続く戦争に心を痛めた彼女は、海軍の傷《しょう》痍《い》軍人のためのグリニッジ病院設立にもかかわる。

彼女は夫が戦場から帰ってきたときの癒やしになるように、宮廷のインテリアを流行のフランス風ではなく、オランダ風にこだわり、ブルー&ホワイトの器が似合う素朴な空間を作り上げた。多くの貴族がデルフト焼きや東洋磁器の蒐集に夢中になる。決して出しゃばりすぎない妻の姿勢に、ウィリアム三世も徐々に彼女の聡明さや心配りを居心地よく思うようになっていく。メアリーはケンジントン宮殿にウォーキング、読書などを楽しむためのクイーンズギャラリーを作る。政治的な本も多く読んだ。

室内にはメアリー２世がセンスよくブルー＆ホワイトの磁器を装飾した。

王として人びとに尊敬されるようになったメアリーだが、唯一の悩みは妹のアンだった。メアリーの次の王位継承権を持っていたアンは、従兄弟のウィリアム三世が王となったことが気に食わず、居住区画の拡大や財産分与の増額、自らの伴侶の昇格などさまざまなものを求めるようになり、姉妹の仲は絶交状態になってしまったのだ。

　復縁ができないまま、一六九四年一二月二八日、メアリーはケンジントン宮殿で天然痘により急逝した。王となって五年、三二年の短い生涯だった。国民は早すぎる死に悲しみに暮れた。彼女の亡骸はウェストミンスター寺院にあるヘンリー七世の礼拝堂へ安置された。彼女が暮らした宮殿には、今もメアリー二世の愛した東洋磁器が飾られている。

ディラム・パーク

ディラム・パークは映画のロケ地にもよく使われる。

英国グロスターシャーにあるディラム・パークはウィリアム三世に縁のある場所だ。館は一七世紀末、ウィリアム・ブラスウェイトにより大規模な改築をされた。ブラスウェイトはオランダ、ハーグで外交官として働いた経験を持つ。一六七〇～八〇年代は、断続的に英国、フランス、オランダの戦争をめぐる秘密文書のやりとりや、さまざまな条約の締結が続き、外交官の仕事は多忙を極めた。英国では、チャールズ二世からジェームズ二世へ王位が代わり、カトリック信者のジェームズ二世は人気を落としていた。根っからの王党派であるブラスウェイトは、一貫してジェームズ二世を支持するが、一六八八～八九年の名誉革命に敗北、外交官を罷免《ひめん》される。しかし英語が得意でないウィリアム三世は、ブラスウェイトの流暢《りゅうちょう》なオランダ語、オランダでの人脈、オランダ外交のプロとして実績を評価し、彼を側近として召し上げ、一六九二年には国務官に任命した。

多額の報酬を元手に、ブラスウェイトは、ディラム・パークの拡張を始め

ディラム・パークに飾られたデルフト焼。

る。新東棟はウィリアム三世の来訪を前提にした造りにした。宮廷の御用家具職人に王専用ベッドも特注し、家具、絵画、調度品、すべてをオランダ製でそろえる徹底ぶりだった。オラニエル家を讃えるオレンジを栽培するためのオランジェリーも造り、広大なオランダスタイルの庭園を造成。

しかし一七〇二年、ウィリアム三世は落馬事故が原因で、五一歳で崩御してしまう。王がディラムパークを訪れることはなかった。館は今も当時の内装のまま保持されている。

ディラム・パークの象徴だった鹿。現在は見ることができない。

物語 4

クイーン・アン

1665~1714

家族と惑わされる日々

一六六五年二月六日、ヨーク公ジェームズの次女としてセント・ジェームズ宮殿でアン（一六六五～一七一四）は誕生した。生まれつき目が悪かったアンは、三歳の夏に治療のため祖母ヘンリエッタ・マリアを頼りフランスへ渡った。フランスには、祖母のほか、父の妹であるオルレアン公爵夫人ヘンリエッタ・アン（一六四四～七〇）もいた。祖母は残念ながら、アンが渡仏して一年ほどでこの世を去った。そしてその一年後には二六歳の若さで叔母アンもこの世を去る。叔母の葬儀のあと、アンは英国に帰国した。

伯父チャールズ二世は、カトリック信仰を宣言していた両親とは別に暮らすようにと、アンをリッチモンド宮殿で姉メアリー、弟のエドガーと生活させた。初めてに近い兄弟とのふれあい、姉は三つ年下の自分に優しかった。一六七一年、母が逝去するが生活に影響はなかった。ともに暮らした弟エドガーの死の方がショックだった。

変化が訪れたのはその二年後、父ジェームズが再婚を決め、イタリアからメアリー・オブ・モデナがやってきてからだ。七歳年上の継母に対し、アンはどう接したらいいかわからなかった。しかしいいこともあった。継母の女官をしていたサラ・ジェニングス（一六六〇～一七四四）との出会いだ。人見知りで、おどおどしがちで、動作も鈍く、可憐とはいいがたいアンとは異なり、五つ年上のこの少女はいいたいことをハキハキ口にする、快活な人物だった。アンはカトリック教徒を公言していた父の影響で、プロテスタント信者の貴族の子どもたちからは、敬意を払われず、陰でいじめられることも多かった。いじめっ子から、勇敢に自分を守ってくれたのがサラだった。二人は「モーリー（アン）」、「フリーマン（サラ）」というあだ名を自分たちでつけて呼びあうほどの大親友となる。

一六七七年、姉がオランダに嫁ぐことが決まった。しかし結婚式前、アンは天然痘にかかり生死の境を彷徨《さまよ》う。回復するも式には参加できず、港まで別れを告げにいくこともできなかった。この年、親友サラも結婚する。サラはアンの父ジェームズの部下である軍人ジョン・チャーチルと出会い（一六五〇～一七二二）、秘密の愛を育んでいた。あまり裕福ではなかったジョンはサラの持参金が少ないことで実家から結婚を止められていたが、この年、サラの男兄弟が亡くなり彼女の持参金が増えたことで障害がなくなったのだ。公務より夫を優先させ、家に籠もる機会が増えたサラにアンは捨てられた

国民へのロイヤルタッチ。（1883年版）

気分になった。

翌年、継母メアリーの提案でオランダへ旅をすることになる。嫁ぎ先で二度の流産を経験した姉メアリーの見舞いが名目だ。久しぶりの姉との再会、初めてのオランダにアンの心は高ぶった。翌年にはカトリック教徒である父と継母があらぬ嫌疑をかけられたことで、両親には長いオランダ滞在を余儀なくされる。サラ夫妻も同行していたため、アンも後を追う。一六八〇年、父がスコットランドに赴任となった。翌夏再びサラを追って、父に合流。春までスコットランドに滞在した。

一〇代後半になると、アンにも結婚話が舞い込むようになる。チャールズ二世はのちのジョージ一世となるハノーヴァーのゲオルク・ルートヴィヒとアンを結婚させたがっていたが、相手は英語も話せない人物で話はまとまらなかった。

一六八三年七月、アンはデンマーク・ノルウェー王フレデリク三世（一六〇九〜七〇）の次男ジョージ（一六五三〜一七〇八）と結婚した。ジョージはチャールズ二世曰く「面白くも何ともない奴」だった。口癖は「え？　本当？」何を話しても返ってくるひと言目はそれだ。少々頼りない人物だったが、心根は優しく、少なくとも宮廷の中では善良な人物だった。政治にはいっさい関与せず、庭作りと酒を愛する夫をアンは気に入った。しかし六回の流産、六回の死産を繰り返す。ほとんどの子が天然痘での死だった。一六八九年待望の男児グロスター公ウィリアム（一六八九〜一七〇〇）が生まれた。しかしウィリアムは生来の水頭症がたたり、一一歳のときに猩紅熱《しょうこうねつ》で命を落とす。アンは悲しみからブランデーに依存する。

一六八五年、アンが二〇歳のとき、父

がジェームズ二世として戴冠した。カトリックに啓蒙していた父は、カトリック教徒を重用し、さらには王室直属の常備軍を設置したため、議会との対立は決定的になった。しかし父と継母メアリーとの間に子がなかったため跡継ぎはプロテスタントの姉メアリー、そしてアンだったことから議会は静観視した。

一六八七年は最悪の年だった。二人の娘を亡くし、さらに流産と死産も体験するなか、父からカトリックに改宗し夫と離縁するようにとの命令が下る。アンはこの王命を無視し、静養のためバースに向かう。翌年継母の出産の立ち会いを依頼されたがこれも無視した。

一六八八年六月、継母に六年ぶりに生まれた子は王子だった。議会は信じなかった。仮に本当の後継者だとすると、カトリックの王が二代続く可能性が大きくなる。議会はついに父ジェームズ二世との対立を決意する。七人のプロテスタントの貴族から招請状《しょうせいじょう》を受けた義兄オランダ総督オラニエ公ウィリアム三世と姉メアリーは議会の要請に同意し、「プロテスタント国民の権利を回復するもの」という大義のもと英国に上陸した。驚いた父は議会に譲歩を示すが、時は遅く、多くの国軍がウィリアム側に寝返った。

孤立することを恐れた父は、アンが反乱分子と接触しないように、アンとサラをホワイトホール宮殿に軟禁する。アンは死を覚悟した。しかし国軍の司令官だったサラの夫ジョンは、二人を助けるためにウィリアム三世側に寝返り、アンを救出。ウィリアム軍まで届けた。この功績によりジョンにはマールバラ伯爵の称号が与えられた。敗れた父ジェームズ二世は、継母メアリー、そして生まれたばかりの異母弟とともに、フランスに亡命した。

翌年の二月、姉メアリーもオランダから帰国する。姉の希望で、王位継承第三位の義兄ウィリアム三世が、共同統治という形で英国王になった。姉に子がなかったことから、アンは王位継承第一位としてホワイトホール宮殿に部屋が与えられた。しかしアンは王位継承第二位の自分を飛ばし、ウィリアムが王位につくことに不満を覚え、年金資金の増額を要求する。しかし姉に拒否されてしまう。結婚してからの姉は、何事にも夫優先で、以前のように自分を守ってくれる存在ではなくなっていた。

一六九二年、サラの夫マールバラ伯が、フランスに亡命した父ジェームズ二世と極秘裏に通信した疑惑をかけられ、ロンドン塔へ投獄される。アンは投獄に反対の声を上げた。最終的に嫌疑は晴れたのだが、アンは姉を許せなかった。アンはホワイトホール宮殿の部屋を引き払い、親交があったサマセット公チャールズ・シーモア（一六六二～一七四八）夫妻から借りたロンドン郊外のサイオン・ハウスに引っ越した。

姉との絶交は一年以上続いた。一六九四年の年末、姉が天然痘にかかり、死の淵を彷徨《さまよ》っていると聞いたアンは、取り乱し、謝罪を申し出るも、姉は死の淵にありそれを受け入れられる状態ではなかった。互いに許しの言葉を与え合うまもなくメアリーは急逝した。アンは悲しみに暮れる義兄ウィリアム三世と和解し、以後住まいをセント・ジェームズ宮殿に移した。

アンは姉の思い出の残るハンプトン・コート宮殿も愛用した。信仰心の篤かったアンは宮殿内の教会をより荘厳なものに改装した。ここでアンは大好きだった狐狩りに夢中になる。宮殿内に狩猟用の

GUISCARD'S ATTEMPT TO ASSASSINATE HARLEY
Queen Anne
From a Painting by Sir Godfrey Kneller

アン女王。（Godfrey Kneller/1840年版）

馬道を作るも、肥満だった彼女は体重のせいで馬に乗ることができず、代わりに自分用の軽装二輪馬車に乗って、猟犬を先に立てて狩りを楽しんだ。

一七〇一年、生存していたアン唯一の子グロスター公ウィリアムの死を経て、ウィリアム三世は、「王位継承法」を制定した。アン亡きあとの王位は「ステュアート家の血を引きプロテスタントである唯一の人物、ゾフィー・フォン・デア・プファルツ（一六三〇～一七一四）及びその子孫のみ」となった。亡命した異母弟ジェームズへの牽制《けんせい》だった。一七〇二年義兄も崩御した。

英国王に即位

一七〇二年四月二三日、アンは英国王に即位した。アンは肥満体に加え痛風《つうふう》を患っており、特注の椅子籠に乗って戴冠式の会場へ運ばれる始末だった。そのため戴冠式では始終座ったままだった。儀式のなかで足にアンクレットをはめる慣《なら》わしがあったのだが、アンの足は太すぎて入らず、以降この慣わしは中止される。夫ジョージは「女王の配偶者」及び「海軍総司令官」の地位を与えられたが、統治者としては君臨せず、イングランド・スコットランド・アイルランドの統治はアンの手に委ねられた。

女王となったアンはケンジントン宮殿へ居住を移した。即位記念も兼ね、宮殿の庭園内にはオレンジ栽培を目的とした「オランジェリー」が建設される。夏はここで茶会を催した。女王となった自分を止める者はいない。サラの夫マールバラ伯を公爵に叙任し、ブレンハイムの戦いでフランス軍を破った勝利の褒美として、広大なウッドストック荘園を与えた。マールバラ公爵はここにブレナム宮殿を建設する。

ウィリアム三世が決着をつけることができなかったスペイン継承戦争にも対峙《たいじ》する。オランダ・オーストリアと手を組み、フランス・スペインを相手に戦を挑んだ。この戦争でもマールバラ公爵は手腕を発揮し連勝を重ねた。同時期、大陸においての対フランス戦争も勃発する。「アン女王戦争」と呼ばれたこの戦争は長期戦を強いられた。基盤を固めるために、イングランド・スコットランド両国の統合案も進められ、一七〇七年五月両国の「合同法」が成立し、ステュアート朝創設以来一〇〇年余り同君連合を結んできた両国はグレートブリテン王国となり、アン女王は最初の国王となった。

サラは戦争の継続をアンに進言するが、アンの心は和平推進派に傾き始めていた。ブレナム宮殿の建築のため領地に籠もることの多くなったサラとは距離ができはじめる。アンの寵愛はサラの従妹アビゲイル・メイシャム（一六七〇～一七三四）に移り始めた。一七〇八年、夫ジョージが逝去する。孤独心を強めたアンは、自分の意に添わないサラをもどかしく思うようになる。一七一〇年、アンはサラを宮廷から追放した。別れの場は二人が幾度も茶会を共にしたケンジントン宮殿のクローゼットだった。

スペイン継承戦争が終結した翌年の一七一四年七月三〇日、アンは脳卒中で倒れた。そして八月一日の朝、ケンジントン宮殿で四九歳で崩御する。亡骸は特注の正方形の棺に入れられウェストミンスター寺院に埋葬された。ステュアート王朝の血筋は途絶え、ここからドイツ系のハノーヴァー朝が始まる。

ロイヤルタッチ

一七一〇年、チャールズ二世時代から続いていたセント・ポール大聖堂の再建が終了し、大聖堂の前にはアンの大きな彫像が建てられた。これを機にアンは王のお触《さわ》り「ロイヤルタッチ」を復活させることにした。王が瘰癧《るいれき》患者に手を触れると治るという奇習は、歴代の王が慣わしとしていたが、ウィリアム三世は、単なる迷信としてこの儀式を廃止していた。アンにより復活した「ロイヤルタッチ」は国民に歓迎された。

クイーン・アン・スタイル

アンの時代に普及したのがシルバーのティーポットだ。アンは洋梨の形をモチーフにしたロココ様式のティーポットを所持した。優美なティーポットは「クイーン・アン・スタイル」と呼ばれ、上流階級の人びとの間に広まった。

甘いものが大好きだったアンは食卓に茶菓子を欠かさなかった。メレンゲなどの砂糖菓子、スパイスで風味をつけたフルーツの砂糖漬けは定番だ。アンが最も愛したのが、「洋梨のシナモンコンポート」だ。シェリー酒に浸した薄くスライスしたジンジャー、たっぷりの砂糖、そしてシナモンと一緒に煮詰めた洋梨を冷やして食べる。冷たいデザートは最高の贅沢だった。

クイーン・アン・スタイルと呼ばれたロココ様式のティーポット。

物語
5

ドイツ編

ゾフィー・フォン・デア・プファルツ

1630~1714

ヘレンハウゼン宮殿に飾られた
ゾフィー・フォン・デア・プファルツの肖像画。

元婚約者の弟との結婚

ゾフィー・フォン・デア・プファルツ（一六三〇～一七一四）は、プファルツ選帝侯《せんていこう》兼ボヘミア王フリードリヒ五世（一五九六～一六三二）の五女として、一六三〇年、両親の亡命先オランダのハーグで生まれた。二歳のときに父を亡くすが、母は彼女に数学、法学、歴史、語学など、男性と同等レベルの教育を与えた。

　年頃になったゾフィーは、ブラウンシュヴァイク＝リューネブルク侯ゲオルク・ヴィルヘルム（一六二四～一七〇五）と婚約するが、結婚前に天然痘で美貌を損ねたことを理由に婚約を破棄された。その後ゲオルクは父から継ぐブラウンシュヴァイク選帝侯の継承権を放棄、生涯独身を誓う。しかし絶世の美女エレオノール・ドルブリューズ（一六三九～一七二二）と出会い貴賤《きせん》結婚をする。ゾフィーは深く傷ついた。

　一六五八年、ゾフィーはゲオルクの弟エルンスト・アウグスト（一六二九～九八）と結婚した。夫の上には兄がいたため公位継承の可能性は低かったが、義兄たちが子を残さず亡くなったことから、夫は領地を相続。一六九二年には選帝侯となったのだ。

　夫は常に愛人を持ち、夫婦関係はいいとはいえなかったが、彼は妻が政治に口を出すことに異存がなかった。すべてにおいて完璧な振る舞いを見せたゾフィーだったが、唯一の例外があった。それは長男の嫁ゾフィー・ドロテア・フォン・ツェレ（一六六六～一七二六）との関係だった。彼女はゾフィーが憎んだ元婚約者ゲオルクの一人娘だったのだ。

ハノーファー朝（英名ハノーヴァー朝）の始まり

　娘ゾフィー・シャルロッテ・フォン・ハノーファー（一六六八～一七〇五）との関係は良好だった。彼女は初代プロイセン王フリードリヒ一世（一六五七～一七一三）の妃となる。哲学者にも一目おかれたほどの知性を持つシャルロッテは、亡き友人の娘カロリーネ（英名キャロライン）・フォン・アンスバッハ（一六八三～一七三七）の才能に惚れ込み彼女を保護していた。ゾフィーはカロリーネを孫ゲオルク（英名ジョージ）・アウグスト（一六八三～一七六〇）の嫁に選ぶ。

　ゾフィーは母方の祖父が英国王ジェームズ一世で、自分に英国の王位継承権があることは自覚していたが、確率は低かった。しかし一七〇〇年、次期女王であるアンの一人息子ウイリアムが夭逝すると、可能性は高まってきた。一七〇一年英国王ウィリアム三世は、アンの死後争いが起きないように「ステュアート家の血を引いており、カトリックではない者」を次の王とする「王位継承法」を制定する。それはゾフィー一人だった。

　ゾフィーは息子、そして孫ゲオルグに政治的才能がないことを自覚していた。そのため、自身の政治顧問ゴットフリート・ライプニッツ（一六四六～一七一六）にカロリーネを未来の英国王妃にふさわしい人物になるように教育をさせた。

　一七一四年六月八日ゾフィーは八三歳で逝去、八月一日にアン女王も崩御。ゾフィーの息子ハノーファー選帝侯ゲオルク・ルートヴィヒが英国王ジョージ一世として即位し、今日までその血脈が続くハノーファー朝（英名ハノーヴァー朝）が創設される。

物語
6

ドイツ編

ゾフィー・ドロテア・フォン・ツェレ

1666~1726

孤独な花嫁

一六八二年、ブラウンシュヴァイク家のゲオルク・ルートヴィヒは一六歳の花嫁ゾフィー・ドロテア・フォン・ツェレ（一六六六～一七二六）を迎える。花嫁の父ゲオルク・ヴィルヘルムは花婿の伯父であり、花婿の母の元婚約者という複雑な背景を持っていた。花嫁の父ゲオルク・ヴィルヘルムは選定侯位を花婿の父エルンスト・アウグストに譲ったが、リューネブルクの領地があった。塩の交易で栄えたこの土地は莫大な富を産んだ。貴賤《きせん》結婚のあと、金の力で妻を伯爵にし、正式な婚姻を結んだ彼は、一人娘ゾフィー・ドロテア・フォン・ツェレを嫡子《ちゃくし》とした。一族は彼女が他家に嫁ぐことで、リューネブルクを失うことを恐れ、この結婚を歓迎した。

ゾフィーは一六八三年長男ゲオルク・アウグストを、一六八七年には長女ゾフィー・ドロテア（一六八七～一七五七）を産むも、孤独だった。夫は愛人にかまけており、姑はゾフィーの父に対する恨みから敵対的だった。

彼女の運命が変わったのは、長女の生誕一年を祝う仮面舞踏会だった。この夜、ゾフィーはスウェーデン貴族のフィリップ・クリストフ・フォン・ケーニヒスマルク伯爵（一六六五～九四）と運命の出会いをする。彼は女を利用して出世をもくろむ野心家の男で、下心を持ちゾフィーに近づいた。しかし文通を通し二人の関係性は変化。一六九一年頃から男女の付き合いとなった。二人がフランス語で交わした書簡は六〇〇通にものぼった。

一六九四年、ゾフィーは離婚を決意し、両親に願い出るも認められなかった。二人は駆け落ちを計画する。七月一日の夜、約束の場所に伯爵は現れなかった。そしてそのまま失踪してしまう。不倫が夫に知られ暗殺されたといわれているが、真相はあきらかになっていない。

一二月二八日、ゾフィーは夫から離婚を申し渡される。夫は彼女を不義密通罪で処罰したかったが、失踪《しっそう》した伯爵の捜索を神聖ローマ皇帝が始めた手前、ことを大事《おおごと》にできなくなっていた。彼女は子どもから引き離され、アールデン城に幽《ゆう》閉《へい》される。子どもたちは母との別れに涙するが、思い出の品はすべて父により没収されてしまう。ゾフィーの父は、娘の離婚に反対したことを後悔し、娘に莫大な財産を遺し、失意のままこの世を去る。

元夫は英国王ジョージ一世に

一七一四年、元夫ゲオルク・ルートヴィヒは英国王ジョージ一世として即位、

ジョージ1世妃ゾフィー・ドロテア。
（I. Kerssaboom/The Illustrated London News Coronation Week Double Number/1937年5月8日）

息子を伴い英国に渡る。一七二二年には唯一面会を許されていた母エレオノールが八三歳で逝去する。プロイセン王妃となっていた娘ゾフィー・ドロテアとの面会も許されなかった。

孤独のままゾフィーは、一七二六年一一月一三日、六〇歳で逝去する。ジョージ一世はゾフィーの追悼を禁じるが、娘は母を偲び、ベルリンの教会で追悼を行い、母の侍女もプロイセンに呼び寄せその忠信に報いた。

翌年の一月、ジョージ一世はアールデンの墓地に儀式なしでゾフィーの遺体を埋葬するよう命令するが、大雨が降り埋葬は中止された。人びとはゾフィーの恨みだと噂した。五月、亡骸はツェレの聖マリア教会の王族の墓所に埋葬された。

六月一一日ジョージ一世は、英国からハノーファーに帰国する途中で一通の手紙を受け取る。それはゾフィーの遺言で、夫への恨みが書き綴られていたという。彼はその手紙を読んだあとに意識を失い、数日後に六七歳で崩御した。父の死を知らされた息子ゲオルク・アウグストは隠し持っていた唯一の母の肖像画をベッドの下から出し、壁に飾ったともいわれる。息子は英国王ジョージ二世になった。

ヘレンハウゼン宮殿

ドイツ、ニーダー・ザクセン州の都市ハノーファー。ヘレンハウゼン宮殿の広大な庭園は、この地を治めていたブラウンシュヴァイク選帝侯妃ゾフィー・フォン・デア・プファルツが造らせた。オランダ育ちのゾフィーは花を愛し「庭園は私の人生」と語ったほど、庭造りに情熱を注いだ。一六七九年、娘シャルロッテとともにヴェルサイユ宮殿を訪れたゾフィーは、その庭園の見事さに感激する。彼女はフランス人の庭師にヴェルサイユに倣《なら》ったバロック庭園の造園を命じる。庭園造りは、息子、孫の代まで続いた。

再建されたヘレンハウゼン宮殿。

　幾何学的模様の整形式庭園、大噴水、オランジェリー、庭園劇場など、庭は見所が満載だ。夏にはハノーファーに縁のあるゲオルク・フリードリヒ・ヘンデル（一六八五～一七五九）の「水上の音楽」を楽しむイベントも開催される。敷地内には選帝侯家の霊廟《れいびょう》もある。

　一家は一七一四年、英国王室の系図を引き継ぎ、ハノーファー朝を設立。ジョージ一世を輩出した。その後その血筋はジョージ二世、三世と引き継がれ、歴代の英国王はブラウンシュヴァイク選帝侯改め、ハノーファー選帝侯も兼ねた。英国とハノーファーの同君連合は一世紀以上続いた。ナポレオン戦争に伴う神聖ローマ帝国の解体後、ハノーファー選帝侯領は他の領邦を吸収し、ハノーファー王国となった。しかし一八三七年に英国王ウィリアム四世（一七六五～一八三七）が崩御すると同時に、この同君連合は消滅する。ハ

整形式庭園と大噴水が見事だ。

ノーファー王国はサリカ法によりウィリアム四世の弟カンバーランド公アーネストに相続され、英国王位は姪のアレクサンドリナ・ヴィクトリア（一八一九～一九〇一）が相続した。一八六六年、ハノーファー王国はプロイセン王国に征服され消滅する。

第二次世界大戦中、両者は敵同士となった。ヘレンハウゼン宮殿は一九四三年一〇月、英国軍の爆撃で甚大な被害を受けた。

二〇〇九年、ハノーファー市は宮殿の再建を決定。大規模な修復作業の後、宮殿は二〇一三年一月に公開された。式典には英国王室からベアトリス・エリザベス・メアリー王女（一九八八～）、ユージェニー・ヴィクトリア・ヘレナ王女（一九九〇～）が招かれた。建物は現在ヘレンハウゼン博物館となっており、ブラウンシュヴァイク家と英国王室とのつながり、庭園の歴史が展示されている。英国王室に興味がある人ならば、もうひとつの英国、ハノーファーの地は訪れる価値があるだろう。

物語
7

ドイツ編

ゾフィー・シャルロッテ・フォン・ハノーファー

1668~1705

知性あふれる女性

一六六八年一〇月一三日、後のハノーファー選帝侯エルンスト・アウグストと、妃ゾフィー・フォン・デア・プファルツの間にゾフィー・シャルロッテ・フォン・ハノーファー（一六六八～一七〇五）は唯一の娘として生まれた。才女として名を馳せていた母は娘に英才教育を授ける。

一六八四年一〇月六日、シャルロッテはブランデンブルク選帝侯の跡継ぎフリードリヒの二度目の妻として結婚する。翌年長男が誕生するも夭逝。王子の死は、自らの子を跡継ぎにと画策するフリードリヒの継母による、毒殺ではないかとの噂が流れる。続いての流産、義弟の突然死を受け、身の危険を感じた夫婦はシャルロッテの母方の祖父を頼りにチェコのカルロヴィ・ヴァリに保養の建前で逃亡する。フリードリヒの国外移住は問題視されるが、一六八八年五月義父が逝去し代替わりする際には、多くの臣下が彼を支持。夫はフリードリヒ三世となった。

その年次男フリードリヒ・ヴィルヘルム（一六八八～一七四〇）が生まれる。子どもの安全のため、シャルロッテは母ゾフィーに息子を預け養育を任せる。一六九二年、彼女はベルリンに戻った息子の教育のため、学生時代の友人たちを召還する。仲間の力を借り、シャルロッテは「ハレ大学」「芸術協会」「王立科学協会」「諸学協会」を設立し、国に貢献する。しかし運命は不思議だ。王子フリードリヒは勉学に興味を示さず、理想の息子とはほど遠かった。そんな折、亡き友人の娘カロリーネ（英名キャロライン）・フォン・

ゾフィー・シャルロッテ・フォン・ハノーファー。（1883年）

アンスバッハが、両親の死後、親戚に冷遇されていることを知り、後見人を引き受ける。

早すぎる死

一六九九年、フリードリヒ三世が彼女のために建設した夏の離宮リーツェンブルク宮殿が完成する。東洋磁器を約三〇〇〇点も飾りつけた「磁器の間」はヨーロッパ中から注目された。しかし宮殿に教養のない夫の愛人の立ち入りを拒絶したことから、夫妻は別居生活に入る。

フリードリヒ三世は政治的野心に燃え、スペイン継承問題に対しオーストリアの味方をすることを条件に、一七〇〇年プロイセン国王として認められた。

王妃となったシャルロッテはカロリーネをリーツェンブルク宮殿に迎え学びを与える。彼女はカロリーネを次期英国王の地位が確約されている兄の長男ゲオルク・アウグストと結婚させようと計画した。

一七〇五年一月一二日、実家ハノーファーに出向いたシャルロッテは旅の途中で高熱を出し、そのまま病の床に就き二月一日逝去した。国は悲しみに包まれ、六月に国葬が盛大に執り行われた。親交の深かった哲学者ライプニッツは亡き王妃をこう評価した。「王妃は信じがたいほどの学識を持ち、深遠なる物事に関しても正しい結論を下すことができた。そして並外れた知識欲を持っていた。私たちはさまざまなテーマについて、有意義な対話をすることができた」。

彼女の望みどおり、その年の九月ゲオルクとカロリーネは結婚した。そしてリーツェンブルク宮殿は「シャルロッテンブルク宮殿」と改名される。若くしてこの世を去ったシャルロッテの知性は、その後英国王妃となったカロリーネに受け継がれ、英国を発展に導くのだ。

シャルロッテンブルク宮殿。宮殿内にはシャルロッテの愛した東洋磁器が数多く飾られている。

物語 8

キャロライン・オブ・アーンズバック

1683~1737

未来の英国王妃として

一七二七年一〇月二二日、ロンドンのウェストミンスター寺院ではジョージ二世と王妃キャロライン・オブ・アーンズバック（ドイツ名カロリーネ・フォン・アンスバッハ）（一六八三～一七三七）の戴冠式が始まろうとしていた。三〇年前の出会いがなければ、この日は来なかった。王妃となる自分の姿を誰よりも見てもらいたかった大恩ある二人の女性は、すでに天国に召されていた。彼女たちの恩義に報いるには、夫を立て、立派な王妃となることのみ。キャロラインの決意はより強くなった。

一六八三年三月一日、ブランデンブルク＝アンスバッハ辺境伯ヨハン・フリードリヒ（一六五四～八六）と二番目の妻エレオノーレ・フォン・ザクセン＝アイゼナハ（一六六二～九六）の間にキャロラインは誕生した。三歳のときに父が、一三歳のときにザクセン選帝侯と再婚した母も彼女と弟を遺して逝去した。孤児となった子どもたちは、アンスバッハの異母兄と暮らすことになるが、まともな教育は与えられなかった。

救いの手を差し伸べたのは、母の友人ブランデンブルク選帝侯フリードリヒ三世妃ゾフィー・シャルロッテ・フォン・ハノーファーだった。女性の教育に熱心だったシャルロッテは、キャロラインの境遇に同情し、夫に彼女の後見人になるように働きかけた。一六九七年、キャロラインはベルリン宮廷に招かれた。文字の読み書きもままならかった彼女は、自分を保護してくれたシャルロッテに応えようと熱心に勉学に励んだ。

知性あふれる女性に成長したキャロラインの評判は各国に伝わり、オーストリア大公と婚約話が持ち上がる。しかしカトリックへの改宗を拒んだため、実現はしなかった。代わりにシャルロッテの母ハノーファー選帝侯妃ゾフィー・フォン・デア・プファルツが孫ジョージ（ドイツ名ゲオルク）・アウグストとの結婚を持ちかける。ジョージは、不貞の罪を問われた母と幼い頃に引き離され、祖母ゾフィーに養育されていたのだ。婚約話が進んでいた一七〇五年、シャルロッテが三六歳で急逝する。キャロラインのショックは計り知れなかった。

夏、ジョージとキャロラインはアンスバッハの夏の離宮で対面した。ジョージは一目でキャロラインを気に入り「他の人は考えられない」と祖母に報告。同年八月二二日、二人はハノーファーのヘレンハウゼン宮殿の礼拝堂で結婚した。一七〇七年には、長男フレデリック・ルイス（一七〇七～五一）が誕生した。

QUEEN-CONSORT OF KING GEORGE II.: CAROLINE WILHELMINA OF BRANDENBURG-ANSBACH (1683-1737) AS PRINCESS OF WALES—A PORTRAIT BY AN ARTIST UNKNOWN.

ジョージ2世妃キャロライン。

(Godfrey Kneller/The Illustrated London News Coronation Week Double Number/1937年5月8日)

新婚当初キャロラインが天然痘にかかった際には、ジョージは自ら妻を看病し、自身も天然痘に罹患《りかん》しまわりを慌てさせる。二人は奇跡的に生還し、この経験から夫婦としての絆は強くなった。その後も子宝に恵まれ二男五女が誕生する。ジョージはゾフィーの血筋から将来英国の王位を継ぐ可能性が高かった。未来の英国王妃にふさわしい教養を身につけられるようにと、ゾフィーによるキャロラインへのレッスンは日々続いた。

一七一四年、ゾフィーが逝去した。彼女はキャロラインとの散歩中に倒れ、そのまま帰らぬ人となった。八月に英国女王アンが崩御したことにより、義父は英国王ジョージ一世として即位。運命は動き出した。九月ジョージ一世と夫ジョージは、一足先に英国へ旅立つ。英国に着いた夫はプリンス・オブ・ウェールズとチェスター伯爵に叙された。夫の後を追い子どもたちと渡英することが決まっていたキャロラインだが、王位継承第二位の長男フレデリックだけは、ステュアート王家支持派による暴動、襲撃を懸念し、ハノーファーに残されることが決められた。七歳の息子は叔父のもとで育てられることになるが、この別れは親子関係に大きな禍根《かこん》を残すこととなった。

ケンジントン宮殿のオランジェリーを訪れているジョージ２世とキャロライン。
(The Graphic/1901年1月19日)

一〇月一一日、息子のことを気にかけながらも、キャロラインは厳戒態勢のなか三人の娘とともに英国へ上陸した。先発していた義父と夫が英国民に冷ややかに迎えられたことを耳にしていた彼女は、不安でいっぱいだった。しかし彼女を出迎えたのは、群衆たちによる「プリンス・オブ・ウェールズ・キャロライン」の大合唱だった。英国王室が外国から皇太子妃を迎えるのは二二年ぶりだったこと、キャロラインが容姿端麗で流暢《りゅうちょう》な英語を話せたことが国民に受け入れられたのだ。

英国の発展に寄与

一七一四年一〇月二〇日、ウェストミ

ンスター寺院でジョージ一世は戴冠した。ジョージ一世が王妃を伴っていなかったこともあり、キャロラインは宮廷の女主人として迎えられた。しかし、幼い頃母から引き離された夫ジョージは、父親に反発心を強く持っており、国王と皇太子の親子問題は国政にも悪影響を及ぼす。

　次男の洗礼式の際には、国王が夫の嫌う臣下を勝手に名付け親に任命。激昂《げっこう》したジョージが、彼を殴りつけてセレモニー会場から追い出す騒ぎが起こる。国王はジョージとキャロラインを宮殿から郊外のレスター・ハウスに追いやる。四人の子どもたちの同居は禁じられ、次男は両親と離されたまま生後三か月で夭逝してしまう。巷からはレスター・ハウスでは皇太子夫妻が国王への陰謀を企てているとの噂が飛び交う始末だ。キャロラインは、首相のロバート・ウォルポール（一六七六〜一七四五）に協力を仰ぎ、親子の修復改善に奔走する。努力の甲斐があり、二人はまわりの目があるときは争いをしなくなった。

　一七二七年六月一一日、国民の信任の薄かったジョージ一世の治世は終わりを告げた。夫は英国王ジョージ二世となり、ハノーファーに残した長男フレデリックが皇太子となった。王妃としての試練は戴冠式から始まった。義父はアン女王の遺した衣装や宝石などのほとんどを、愛人へ与えてしまっていた。キャロラインが戴冠の際に身につけた総額二〇〇万ポンドにもなる豪華絢爛な衣装、宝石のほとんどは、新王妃に同情した裕福な貴族や宝石商からの借り物だった。しかしいいこともあった。即位を機に、子どもたちを取り戻せた。子どもたちは、ロンドン南西部キューにあるダッチハウス、のちのキュー・パレスに移される。

　皇太子妃時代からキャロラインの知性に信頼を寄せていたウォルポールは、国を平和に治めるには好戦的で単純なジョージ二世への根回しに、王妃の力が必要だと考えていた。キャロラインは英国の事情に通じず、思慮が足りない夫の助言役に徹することを決める。国民はそんな役回りはお見通しで、王を揶揄《やゆ》し、王妃を讃える唄が出回った。

　学問・芸術にも造詣が深かったキャロラインは、ハノーファー時代から親しくしていた音楽家ジョージ・フレデリック・ヘンデルを支援した。戴冠式ではヘンデルが作曲した「ジョージ二世の戴冠式アンセム」が演奏され、そのなかの一曲「司祭ホザドク」は戴冠式の伝統曲となった。彼女は科学への理解にも進歩的な考え方を持っており、英国に移住してからもライプニッツとの交流を続け、物理学者アイザック・ニュートン（一六四二〜一七二七）とも親交を結ぶ。

　キャロラインは自らも病んだことのある天然痘についても知識を深め、種痘《しゅとう》（人痘法《じんとうほう》）の必要性を理解した。一七二一年、治験が終わると、王子、王女への接種を許可し、国民へその安全性を広めることに貢献した。フランスの啓蒙思想の先駆者ヴォルテール（一六九四〜一七七八）は著書『哲学書簡』でキャロラインの種痘における功績を称賛している。

　キャロラインは造園にも深い知識を持ち合わせ、リッチモンドロッジ、ケンジントン宮殿、ハンプトン・コート宮殿に壮大な風景式庭園の設計を遂行した。

息子との不和

　妻が英国の発展に尽力するなか、ジョージ二世は英国に愛着が持てず、皇太子時代は父に禁じられていたハノーファーへの帰国を楽しみにするようになる。王はキャロラインに摂政を任せ、たびたびハノーファーに帰国（一七二九年、一七三二年、一七三五年、一七三六～三七年）、英国を留守にする。

ジョージ二世は義父に似て、好色な人物だった。あまたいる愛人はキャロラインの寝室付き女官を筆頭に、娘の家庭教師、もちろんハノーファーにも存在した。キャロラインは、そんな愛人たちに寛容に接し、王宮に居室を用意し、彼女たちの監督をも務めた。私欲に走る夫の代わりに、彼女はスペインとの戦争を終結させるためのセビリア条約の締結や、英国の刑法の改革などに貢献する。

しかし王妃の摂政役は、成人した皇太子フレデリックの反発をかうことになる。一七二八年、フレデリックは皇太子として英国に上陸した。一四年間両親と離されて暮らしていた彼は、孤独感から女遊びやギャンブルを覚え、かつ両親を憎悪していた。フレデリックはハノーファーでの公式行事では父の名代を務めており、自分の能力にも自信があったため、自分をさしおいて母が摂政に任命されたことが気にいらなかった。彼は両親の信頼の厚いウォルポールに対し敵対の立場を取り、国庫を浪費したり、両親の生活の暴露本まで出版したりする始末だった。有能なキャロラインに「怪物」といわしめた皇太子の素行は、夫婦の生涯の悩みとなる。

国民の信頼を一身に担ったキャロラインだったが、一七二四年の最後の出産以降、臍ヘルニアの痛みに苦しめられていた。一七三六年、悩みの種の息子をザクセン＝ゴータ＝アルテンブルク公国のオーガスタ・オブ・サクス＝ゴータ（一七一九～一七七二）と結婚させたが、素行は変わらなかった。秋以降彼女の体調は徐々に悪くなり、ヘルニアの破裂により、自らの死期を悟る。キャロラインは夫に対して、自分の死後は再婚をするように伝えた。夫は「愛人は作るが再婚はしない」と答える。彼らしい言葉だった。何しろ、息子の婚約者を探しに行った先で、自らの愛人も見繕ってきた人なのだ。愛人は作るが、王妃はキャロライン一人、それは彼からの最大の愛情表現だったのかもしれない。

痛みと闘いながらも、キャロラインは最期まで気丈に振る舞った。そして一七三七年一一月二〇日、セント・ジェームズ宮殿で五四歳の生涯を終えた。「あの怪物を二度と見なくてすむことだけが慰めです」死の床のキャロラインの言葉には、息子への諦め、息子をハノーファーにおいてこざるをえなかった後悔がにじんでいた。

一二月一七日、ウェストミンスター寺院での葬儀に、フレデリックは招待されなかった。ヘンデルは、キャロラインを哀悼し葬送の讃美歌「シオンへ至る道は悲しみ」を作曲する。王妃の死を悲しんだ国民たちは「勇気と良識を持った女性」「賢夫人」と彼女を讃えて、しばらくはトランプゲームをする際に、クイーンのカードを抜いて弔意の表したという。

ジョージ二世はキャロライン亡きあと、約束どおり再婚はせず、二三年間の統治を続ける。番狂わせで息子フレデリックが、夫より先の一七五一年に急逝した。一七六〇年、ジョージ二世の亡骸は遺言により、キャロラインの隣に葬られた。彼の希望で、間にあった仕切りは取り除かれ、二人は直接並びあって安置されたという。天国のゾフィーとシャルロッテも、満足してくれたにちがいない。

マーブルヒルハウス

ロンドン自治区のトゥイッケナムにあるマーブルヒルハウスは、ジョージ二世の愛人サフォーク伯爵夫人ヘンリエッタ・ハワード（一六八九～一七六七）の住まいだった。一七〇六年、ヘンリエッタは第九代サフォーク伯爵となるチャールズ・ハワード（一六七五～一七三三）と結婚するが、結婚生活は不幸だった。

一七一四年、夫妻はハノーファーを訪れ、未来の英国王ジョージ一世に謁《えっ》見《けん》する。ヘンリエッタは息子のジョージと出会い彼の愛人となる。皇太子となった彼は、彼女を皇太子妃キャロラインの寝室付き女官に命じる。皇太子妃は知己と知性に富んだヘンリエッタを好み尊重した。ヘンリエッタも皇太子妃に敬意を払い、度を越した振る舞いは控えた。関係は皇太子が王になっても継続した。その間別居していた夫も亡くなる。

一七三四年、ジョージ二世の寵愛《ちょうあい》が別の愛人に移ったことを機に、彼女は二〇年にわたる愛妾《あいしょう》の座を降りた。王妃は正当な年金をヘンリエッタに払うように王に助言する。それを元手に彼女はテムズ川のほとりに土地を購入し、マーブルヒルハウスを建設をした。

館には当時の家具や絵画、流行していたシノワズリコレクションが保管されている。ヘンリエッタは毎朝、ブルー＆ホワイトの器でティータイムを楽しんでいたそうだ。美しい中国茶器で淹《い》れるお茶は彼女の心の慰めになったことだろう。

マーブルヒルハウス。ツアーで見学ができる。

物語 9

オーガスタ・オブ・サクス＝ゴータ

1719~72

無知な花嫁

「父が決めた花嫁なら誰でも受け入れる」と皇太子フレデリック・ルイスは、結婚による議会からの年金増額を望んでいた。不仲な父との決別には、経済的な自立が必要だった。迎えられた花嫁は、ザクセン＝ゴータ＝アルテンブルク公フリードリヒ二世（一六七六～一七三二）の一七人目の娘オーガスタ・オブ・サクス＝ゴータ（一七一九～七二）だった。

結婚してからもフレデリックの両親に対しての反発は収まらなかった。一七三七年オーガスタが第一子を妊娠したときも、彼は両親に嘘の出産予定日を伝える。王室の伝統により王妃が出産に立ち会うといえば、それを阻止するため、オーガスタが陣痛中にもかかわらず、真夜中にハンプトン・コート宮殿からベッドの準備が整っていないセント・ジェームズ宮殿に無理矢理移動させる始末だ。おかげで、オーガスタは初めての子どもをテーブルクロスの上で出産する羽目になった。この事件以後、王妃には絶縁されてしまう。

実家では、成長した九人の子どもを育てなくてはいけなかった。金銭的な事情から末娘のオーガスタまで教育が行き渡らなかった。オーガスタは無知で、英語もフランス語も話せず、唯一の趣味は人形遊びだった。精神的に幼いオーガスタを、夫はいいように扱い、愛人を妻の寝室付き女官とするなど、歴代の王と同じ横暴さを見せる。しかし彼女が従順だとわかると、しだいに穏やかになっていった。二人には九人の子どもが生まれ、キュー・パレスで養育される。

王妃亡きあとの一七四五年、夫は父ジョージ二世と和解する。オーガスタは社交界に受け入れられた。夫の祖父ジョージ一世と父ジョージ二世は、ともに英語をあまり理解せず、英国の政治への関心も薄かったため、国政は議会を中心に行われていた。夫はそれをよしとせず、国王を中心とした政治体制への変革、啓蒙専制君主制をめざしていた。そのため、子どもたちの教育もその考えにもとづいて行われた。一七四六年フレデリックは志を同じくするスコットランド貴族、ビュート伯爵ジョン・スチュアート（一七一三～九二）と出会い、意気投合する。彼は寝室侍従に任命された。

長男のジョージ・ウィリアム・フレデリック（一七三八～一八二〇）はとくに熱心に教育された。八歳で英語とドイツ語の読み書きができ、当時の政治事件に自らの意見が言える利発な子となった。ジョージはのちに科学を系統的に勉強した

皇太子妃オーガスタ・オブ・サクス＝ゴータ。（1850年版）

初の英国王となる。オーガスタも、子どもたちに負けないように夫やビュート伯から教えを受けた。

穏やかな日々は一七五一年、突然打ち破られた。フレデリックが風邪から肺塞《はいそく》栓症《せんしよう》を併発し、三月三一日に、レスター・ハウスで急逝したのだ。四四歳だった。オーガスタのお腹には九人目の子どもがいた。義父ジョージ二世は、息子の死に無関心で、葬儀は皇太子のものとは思えないほど簡素なものだった。そして七月、父のいない子ども、四女キャロライン・マチルダ（一七五一〜七五）が生まれる。

フレデリックが急逝したことにより最も大きな変化を受けたのが、長男のジョージだ。彼は一三歳でプリンス・オブ・ウェールズに叙された。オーガスタは夫が信頼していたビュート伯に皇太子ジョージの教育を一任することにし、キューの邸宅への出入りを許した。

一七五六年春、ジョージの一八歳の誕生日が近づくと、義父ジョージ二世からセント・ジェームズ宮殿で盛大な式典を行い、彼を宮廷に迎えるという誘いがくる。しかしオーガスタはジョージの式典への参加を拒否した。息子を宮廷にとられたくなかったのだ。しかしこの一件で、義父との間にはまた溝ができてしまった。

宮廷人たちからは私邸に籠もり、社交界に出なくなったオーガスタに対する批判が渦巻く。噂は増幅し、ビュート伯とオーガスタが愛人関係にあるとの醜聞《しゅうぶん》まで広まる。ビュート伯はスコットランド出身であることから、イングランド人より差別を受けていた。さらにジョージ二世の外交を「ハノーヴァー偏重」と批判していたこともあり、宮廷から目くじらを立てられていたのだ。

王太后となったオーガスタ

一七六〇年、ジョージ二世が七六歳で崩御すると、息子はジョージ三世として王位を継承する。オーガスタは四一歳で王太后となった。即位後、ジョージ三世となった息子は演説で「この国で生まれ、教育を受けた私は英国人であることを誇りとする」と述べた。夫が聞いたらどんなに喜んだことだろう。

王となった息子は、オーガスタが新妻である王妃の日常に口を出すことを嫌がった。新婚当初は王妃の寝室付き女官に信頼できる腹心を紛れ込ませたりもしたが、それにもあきてしまい、嫁とは距離をおくことにした。息子は皇太子時代と変わらずビュート伯を寵臣《ちょうしん》として重用し、彼を首相に任命する。父の遺志を継いだ彼の決断なのに、周囲は、オーガスタとビュート伯が若き王を惑わしたと批判する。あまりの不人気に、ビュート伯の内閣統制力も低下の一途をたどり、短命で辞職を余儀なくされる。まったく理不尽なことだ。

頼りの息子が一七六五年精神障害を発症した際、これ以上の批判を避けるため、オーガスタはそのことを隠した。この年、摂政法案の制定が行われ、国王が永久に統治できなくなった場合、妻が摂政になると決められたからだ。しかし王の病状はあっという間に議会の知ることとなり、オーガスタはさらに批判にさらされる。

オーガスタは宮廷と距離をおき、夫が好んだキューの庭園拡張に情熱を注ぐようになる。世間の噂は無視した。反論するだけ無駄だ。その点植物はいい。手をかければかけるほど成長してくれる。夫により、教養を身につけられた昔の自分のように。庭造りは生涯の楽しみとなった。

唯一の心配は、一七六六年にデンマークの従兄弟クリスチャン七世（一七四九〜一八〇八）に嫁いだ末娘キャロライン・マチルダのことだった。娘は嫁ぎ先で夫とうまくいかず、主治医と愛人関係になっているようだった。一七七〇年一月、オーガスタは、長女を訪ねる名目でドイツへ渡り、ブラウンシュヴァイクでキャロラインと面会。しかし母の心配に、娘は聞く耳を持たなかった。一七七二年一月、心配は現実となりクーデターが起こり、娘は逮捕される。婚姻を解消された彼女は子どもたちと引き離されクロンボー城に監禁された。

この頃からオーガスタは咽頭に違和感を覚えることが増えた。咽頭癌だった。娘のこともあり、家族には病を内緒にした。しかし母親の死期が近いことを感じたジョージ三世は妻を伴い、多忙な公務を調整し、週に一度はオーガスタを訪ね最期の時間を一緒にすごしてくれた。なんて優しい子なのだろう。この息子ならば、妹の窮状も救ってくれるかもしれない。

一七七二年二月八日、ロンドンのカールトン・ハウスで、オーガスタは五二歳の生涯を閉じた。幸せな人生だった。

しかし世間のオーガスタへのイメージは昔のままだった。私邸に籠もり、寵臣とともに、皇太子を意のままにする悪しき未亡人。葬儀には野次馬が大勢集まり、棺が墓地に運ばれる沿道では、オーガスタへの侮辱の言葉が叫ばれた。彼女の名誉は、オーガスタが手塩にかけたキュー・ガーデンを息子夫婦が拡大し、王立植物園に育て上げることにより、後年回復する。オーガスタの亡骸はジョージ三世により、ウェストミンスター寺院のフレデリックの隣に埋葬された。

晩年のオーガスタは庭造りに情熱を注いだ。

キュー・ガーデンの名物パゴタは、オーガスタの時代に建てられた。

物語
10

シャーロット・オブ・メクレンバーグ＝ストレリッツ

1744~1818

シャーロット王妃と孫娘シャーロット王女の肖像画。（Benjamin West/1778年版）

謙虚で控えめなシャーロット

祖父と母からの見合い話にうんざりしていた英国のジョージ三世ことジョージ・ウィリアム・フレデリックは、王妃にふさわしい女性を自ら選びたいと信頼する家臣に花嫁探しを依頼する。家臣の目にとまったのがメクレンブルク＝ストレリッツ公子カール・ルートヴィヒ（一七〇八～五二）の末娘シャーロット・オブ・メクレンバーグ＝ストレリッツ（一七四四～一八一八）だった。メクレンブルク＝ストレリッツは、メクレンブルク＝シュヴェリーンから独立したばかりのドイツ北部の小国だった。公子カールはシャーロットが八歳のとき亡くなる。まだ成人前だった兄は英国王ジョージ二世の支持を受けながら、摂政の母とともに公国を維持する。神聖ローマ帝国では女性の教育が進んでいたが、このような状況下で末娘のシャーロットに与えられたのは、ごく一般的な教育のみだった。

　至極平凡な彼女がなぜ王妃にふさわしいと思われたのか。それは彼女が才女ではなかったから。博学だった父の教育により知恵を身につけたジョージ三世の母オーガスタは、何かと政治的なことに口を出したがる。ジョージ三世はそれがうっとうしかったのだ。

QUEEN-CONSORT OF GEORGE III.: CHARLOTTE SOPHIA OF MECKLENBURG-STRELITZ (1744-1818) IN CORONATION ROBES—A PORTRAIT FROM THE STUDIO OF ALLAN RAMSAY.
戴冠式のローブをまとうジョージ３世妃シャーロット。（Allan Ramsay/The Illustrated London News Coronation Week Double Number/1937年5月8日）

　一七六一年八月一七日、国を出発したシャーロットは三度の嵐を乗り越え、九月七日英国に上陸した。二人は翌日の八日に対面、六時間後にはセント・ジェームズ宮殿で結婚式を挙げた。ジョージ三世は、挙式後、新妻にひと言だけ伝えた。「政治には口を出すな」。もともと謙虚で控えめな性格だったシャーロットは、素直に従った。慣れない英語に四苦八苦しながらも、宮廷になじもうと努力している彼女を、ジョージ三世も愛おしく思うようになる。九月二二日、二人はそろって戴冠した。

円満な家庭

　家庭生活は円満で、結婚から一年も経たない一七六二年八月シャーロットは、王子プリンス・オブ・ウェールズ、ジョージ（一七六二～一八三〇）を出産する。国王は喜びにわいた。以後、八男六女の子どもに恵まれ、二人をのぞいて成人した。新婚当初は姑である王太后オーガスタからの威圧もあったが、夫はそれを配慮してか公邸であるセント・ジェームズ宮殿とは別に、私邸としてバッキンガム・ハウスを求め、公私を区別した。ジョージ三世は歴代の王と異なり愛人も作らず、シャーロットを尊重した。バッキンガム・ハウスは王の愛妻ぶりを表すかのように「クイーンズ・ハウス」と呼ばれた。

　ジョージ三世は田舎の生活を好み、乗馬が趣味で、彼が育ったキューや、緑が多いリッチモンドの館での生活に比重を置きたがった。宮廷でのパーティー三昧を期待していた一部の貴族たちは、質素な国王夫妻の生活に失望する。ジョージ三世は子どもたちを自分の幼少期と同じく、宮廷から遠ざけ、郊外のキューの地で育て、夫妻は休暇のたびにキューを訪れ子どもたちを見守った。

後のジョージ4世を抱く
シャーロット王妃。

王になった当初、ジョージ三世は皇太子時代に亡くなった父の遺志を継ぎ、国王が主導する政治を取り戻そうと、躍起になっていたが、腹心ビュート伯が首相を辞し、自由主義を主張するホイッグ党に政権を奪われてしまってからは、行き詰まることも多くなる。

そんなさなか、今後夫妻を悩ますジョージ三世の病の前兆が訪れた。温厚な夫が、人が変わったように叫んだり、暴れたりする精神障害の発作を起こしたのだ。王太后オーガスタは、息子の不調をシャーロットに隠そうとした。彼女が摂政になり、自分の立場が悪くなることを恐れたのだ。しかし、国王の病はすぐに露見《ろけん》する。当時三男を妊娠中だったシャーロットは、夫の豹変《ひょうへん》に言葉を失った。彼は彼女に暴力的な行為をすることもあり、夫妻の寝室を別にせざるをえないほどだった。それでも彼女の献身的な看護のおかげもありジョージ三世は回復する。病を機に、夫は以前ほど政治の世界に情熱を注ぐことが少なくなり、「ロイヤルアカデミーオブアーツ」の設立、「王の天文台」の建設など、別の形で国に貢献をする。

「王室結婚令」の発布

一七七〇年ジョージ三世を悩ます大事件が起きる。弟カンバーランド公ヘンリー・フレデリック（一七四五～一七九〇）

が二重婚スキャンダルで世間から大批判を受けたのだ。王室の名誉を回復するため、ジョージ三世は二五歳未満の王族の結婚には国王の許可がいるとする「王室結婚令」を発布するも、さらに末の妹キャロライン・マチルダが嫁ぎ先のデンマーク王室でスキャンダルを起こす。彼女はこともあろうか国王の主治医と恋に落ち、不義の子どもを作り、逮捕されたのだ。続くスキャンダルに王室の支持率は下がり、ジョージ三世は妹を英国に帰国させることは国民感情を逆なでするとして、ハノーファーの地で保護することとした。煩わしさから少しでも夫を守りたい。シャーロットはキューの敷地内に「クイーン・シャーロット・コテージ」を建設させ、家族の時間を大切にするようにした。

FIRST MEETING OF GEORGE III. AND THE PRINCESS (AFTERWARDS QUEEN) CHARLOTTE.

初対面したジョージ３世とシャーロット王妃。（1873年版）

音楽を愛した王妃は、大バッハ（一六八五〜一七五〇）の息子ヨハン・クリスティアン・バッハ（一七三五〜八二）を音楽教師として王室に迎えた。一七六四年五月には、ヴォルフガング・アマデウス・モーツァルト（一七五六〜九一）をバッキンガム・ハウスに招いた。八歳のモーツァルトは、シャーロットが歌ったアリアにその場で伴奏を付けた。至上の共演だった。一年の滞在のなかで、モーツァルトは「ロンドン・ソナタ」を王妃へ献上したり、流行のティーガーデンで演奏会をしたりした。

ボストンティーパーティー事件

一七七三年、北アメリカではボストンティーパーティー事件が起こる。これを機にアメリカの一三の植民地が英国に反発する。フランス、スペイン、オランダがアメリカ側につき、英国軍は各地で苦戦、敗戦を強いられていく。英国はヨーロッパ内の主要な同盟国を失うという事態に陥る。これはシャーロットにも無関係ではなかった。娘たちの嫁ぎ先が確保できなくなってしまったのだ。王家の王女は、王家に嫁ぐことが通例だった。王族でない相手と結婚すると、その身分を落としてしまうのだ。

一七八三年九月、長く続いたアメリカの独立戦争はパリ条約で終結した。ジョージ三世は、広大な植民地を失った王としての不名誉を被る。彼のショックは大きかった、そして症状はゆるやかに悪化していく。政権は王党派のトーリー党に戻っていた。才気あふれる小ピットことウィリアム・ピット（一七五九～一八〇六）が二〇代で首相に就任したことにより、国王夫妻は保養に入ることを決める。一七八八年には、チェルトナムで休養するも、症状は悪化。議会では「摂政制」について議論が交わされるようになる。

悪行に走った皇太子

質素倹約、煌《きら》びやかな宮廷より田舎スタイルの生活を好んだジョージ三世とシャーロットとは真逆に、皇太子ジョージは成人し自らの館を与えられ独立を果たすと、それまで両親に禁じられていた悪《あく》行《ぎょう》に走ることとなる。女遊び、ギャンブルで彼は湯水のように金を使った。一七八五年一二月にはひとめ惚れした未亡人と、親の許可なく結婚式まで挙げてしまう。この結婚は「王室結婚令」により無効が決定されたが、彼は親に対し常に反抗的だった。国庫の半分近くまで膨れあがった借金に夫妻は心を痛めていた。シャーロットは夫を苦しめている皇太子を摂政にすることは反対だった。その意思表示として、彼女は一七八八年、ジョージ三世の病の回復を祝したコンサートを主宰した際、皇太子ジョージを招かなかった。

ウェイマスで療養をしていたジョージ三世は一七九二年、自分の亡きあとに王妃と未婚の王女たちが困らないようにウィンザーの一角に、小さな離宮フロッグモア・ハウスを購入する。シャーロットは、離宮に珍しい植物を集めた美しい庭園を造った。室内インテリアも「草花」をテーマにし、植物画を飾ったり、植物学図書館を設置したり、夫妻の趣味を満喫できる場所とした。国民はそんな国王を「ファーマーキング」、王妃を「植物学と美術の保護者」として敬愛した。

キューのコテージやフロッグモア・ハウスでは、人目を気にせず自分らしくいられた。壮大なヴェルサイユ宮殿の片隅に、王妃の村里を作り、そこに逃避したフランス王妃マリー・アントワネット（一七五五～九三）の気持ちにも共感できた。書簡を通して交友があったアントワネットは、一七八九年に始まったフランス革命の際、自らの苦しい立場をシャーロットに綴った。シャーロットは、フランス王家の人間が英国に亡命した際には助力すると返信する。一七九三年のアントワネットの処刑の際は、さすがに冷静ではおられず、取り乱したという。

一七九五年、長男ジョージは借金を国が肩代わりすることを条件に結婚をするが、夫婦生活はすぐに破綻。夫妻の間には娘一人のみが誕生した。息子夫婦が別居生活に入ると、シャーロットは幼い孫を庇護下に置いた。

長男だけでなく息子たちはみな、親の思いどおりにはならなかった。次男は、愛人が王室の名をかたった詐欺行為を働いたことをきっかけに結婚するも、子はできず。三男は、一三歳で女官二人を誘惑、女優と同棲。四男はフランス人の愛人と三〇年間同棲、五男に至っては強姦未遂や、従僕殺害を犯し世間を震撼《しんかん》させる。六男は旅先のイタリアで勝手に結婚……言葉もない。

娘たちは半分が結婚、残りは未婚だった。心配は末娘のアミーリアだった。生まれつき身体の弱かったアミーリアは七

キュー・パレスで子どもたちは育てられた。

シャーロット王妃が亡くなった寝室。椅子に座ったまま崩御した。

歳になる頃から療養生活に入る。一八一〇年に二七歳で未婚のまま亡くなった。国王の体調、娘の容体のことがあり、一八〇九年に行われた在位五〇周年のゴールデン・ジュビリーの祭典は、冒頭しか祝うことはできなかった。娘を失ったジョージ三世の気落ちは激しく、シャーロットの献身にもかかわらず病は悪化の一途をたどった。一八一一年、シャーロットは皇太子を摂政に就任させることを認めた。ジョージ三世はその年の年末、意思疎通ができなくなり、ウィンザー城に半ば幽閉された。

シャーロットは宮廷を摂政皇太子に一任し、キューの地に引き下がるも、たびたびウィンザーを訪れジョージ三世に面会をした。唯一の楽しみは孫の成長だった。年頃になった孫は一八一六年に意中の相手と結婚するも、翌年に産褥《さんじょく》により生まれた子とともに亡くなった。長く生きると、悲しみが続くものだ。皇太子の唯一の跡継ぎが亡くなったことにより、独身の息子たちは王位継承が近づきざわめく。問題は誰一人として跡継ぎがいなかったことだ。

正式な結婚をし、嫡子《ちゃくし》をもうけるため、一八一八年、三男、四男、七男が続けて結婚をする。三男、四男に至っては、国の経費削減もあり合同結婚式を執り行う始末。会場はシャーロットの住まうキュー・パレスだった。息子の結婚式に出たあと、シャーロットは体調を崩す。母の死が近いことを知ると、摂政皇太子ジョージは子どものように取り乱す。本当に馬鹿な息子だ。一八一八年一一月一七日、シャーロットはキュー・パレスの寝室の肘掛椅子に座り、摂政皇太子に手を握られながら七四年の人生を終えた。

シャーロットの亡骸はウィンザー城のセント・ジョージ礼拝堂に埋葬された。ジョージ三世は最愛の妻シャーロットの死を理解できないまま、後を追うように一年後に崩御した。

王妃と陶磁器

一七六五年六月、シャーロットはウェッジウッド窯に同社が開発した白い陶器、クリームウェアを注文する。素朴な器はキュー・パレスやクイーン・シャーロット・コテージ、フロッグモア・ハウスなど、私的なテーブルで使うにはぴったりだった。シャーロットは、クリームウェアに「クイーンズウェア」という特別な名称を与える。

一七八八年に王とともにウースター町の音楽祭に出席。ウースター窯に立ち寄りティーセットとディナーセットを注文する。豪華絢爛な宮廷にふさわしい器とともに、王妃は中国磁器の蓮の花紋を意匠した素朴な染め付けの器「ブルーリリー」も購入する。この器はのちにフロッグモア・ハウスの食卓を彩ることになる。王妃に敬意を表し、このパターンはその後「ロイヤルリリー」として知られるようになる。

シャーロットは大衆向けの銅版画にも興味を持ち、画家ウィリアム・ホガース（一六九七〜一七六四）の銅版作品をコレクションしていた。彼女のコレクションから刷られたプリント画はシャーロット・コテージの壁を彩った。コテージ内に保管されている銅版転写の陶器のティーセットは彼女の人柄を物語っている。

ロイヤルウースター窯の「ロイヤルリリー」。染め付けの美しい作品だ。

クイーン・シャーロット・コテージ。当時は農場も隣接していた。

キュー・パレスにテーブルセッティングされたウェッジウッド窯の「クイーンズウェア」。

キュー・ガーデンとボタニカルアート

一八世紀、合理的な思想や科学的根拠から問題を解決する啓蒙時代が到来する。芸術や科学に造詣が深かったシャーロットは、義母オーガスタから引き継いだキュー・ガーデンの拡大を支援した。キュー・ガーデンは、国の研究機関として成長する。シャーロットは植物学者のジョセフ・バンクス（一七四三〜一八二〇）に信頼をおいた。バンクスは世界各地の珍しい植物を蒐集する。そしてそれらを記録するため、植物画家に精密なボタニカルアートを描かせた。植物学や水彩画を学ぶことは王侯貴族の教養のひとつとなる。シャーロットも娘たちにボタニカルアートを習わせた。

　ボタニカルアートは、陶磁器に描かれる図柄の見本としても使用される。ジョージ三世が王室御用達を与えたダービー窯や、ウースター窯では、ボタニカルアートを模写した作品が多く製造された。お茶の樹ももちろんキュー・ガーデンの研究対象だった。温室で茶の樹は大切に育成された。医学博士のジョン・コークレイ・レットサム（一七四四〜一八一五）が一七七二年に出版した『茶の博物誌』にも、茶のボタニカルアートが掲載された。さまざまな研究のもと、茶は健康によい飲み物として国民の生活に浸透する。シャーロットももちろん茶を愛した。

キュー・ガーデンの温室では世界中から集められた植物が育成された。

お茶の樹「カメリア・シネンシス」のボタニカルアート。

物語
11

キャロライン・マチルダ

1751~75

クリスチャン7世とマチルダ王妃。

宮廷で孤立した キャロライン・マチルダ

幼い二人の子どもを遺してこの世を去ることをキャロライン・マチルダ（一七五一〜七五）は嘆いた。ヨハン・フリードリッヒ・ストルーエンセ（一七三七〜七二）を愛したことに後悔はない。しかし愛に生きることの代償は、王妃の立場であった自分にはなんと大きなことなのか。

一七六六年、英国王ジョージ三世の妹マチルダは、デンマーク王に即位したばかりの従兄弟クリスチャン七世に嫁いだ。若い彼女は、未来の夫に夢を抱いていた。しかし二つ年上の夫は精神障害を抱え、アルコールに溺れ、高級娼婦を愛妾にするような人物だった。啓蒙思想の進んだ英国と異なり、デンマークは絶対王政が根強く残る旧体制の国だった。宮廷を仕切っていた夫の継母王太后は、若い王妃の先進的な思考を嫌い、マチルダは宮廷で孤立する。

一七六八年、クリスチャン七世が外遊先デンマーク領アルトナから、ドイツ人の医師ストルーエンセを連れ帰る。夫は医師を気に入り、半年にわたるフランス、英国、ハノーファーへの外遊にも随行させた。王不在のなか、マチルダは長男フレデリック（一七六八〜一八三九）を産んだ。帰国後、ストルーエンセは国王の正式な侍医となり、大臣としても起用される。彼は啓蒙政治に強い関心を示し、デンマーク国政の改良を行う。

頭脳明晰なストルーエンセにマチルダは恋をした。一七七〇年二人は愛人関係となる。一七七一年、ストルーエンセは宮内大臣に就任。夫は病状が悪化し、無気力で幼子のような状態だった。二人の逢瀬は大胆になっていく。

許されざる恋

「乳幼児の予防接種（皇太子に天然痘の種痘を施す）」「囚人に対する拷問の廃止」「大学の開放」「出版の自由化」「検閲制度の廃止」「孤児院の設立」……。国民のための政策にマチルダの心は高鳴るが、人びとは急速な変化についてこられず、国は混乱した。

その年の夏、マチルダは長女ルイーセ・アウグスタ・ア・ダンマーク（一七七一～一八四三）を産む。父親はストルーエンセで間違いなかった。一一月、ストルーエンセは宮廷から王太后を閉め出す。

王太后は自らの権力を取り返すべく、旧体制を支持する貴族と組み、一七七二年一月一七日クーデターを起こす。王権強奪の罪でストルーエンセは逮捕される。マチルダも姦通の罪により逮捕され、クリスチャン七世との婚姻は解消される。囚われた彼女は、恋人を守るため二人の関係を最後まで否定した。しかしストルーエンセは斬首のうえ、八つ裂きの刑に処される。傷心のマチルダは二人の子どもを国に取り上げられ、ハノーファーのツエレ城へ国外追放された。クリスチャン七世は名目だけの王となり、一七八四年までの間、国は王太后によって統治される。

マチルダは一七七五年、ツェレ城で猩《しょう》紅熱《こうねつ》にかかり亡くなる。二三歳だった。彼女の亡骸はツェレの聖マリア教会に埋葬される。奇しくもこの教会には、不義密通で幽閉されたジョージ一世の元妻ゾフィー・ドロテア・フォン・ツェレも埋葬されていた。

長男フレデリックの二人の子は、子孫を残さなかった。半王族としてデンマーク王室で育てられた長女ルイーセの娘は、デンマーク王妃となるも子はできなかった。しかしルイーセの長男の血筋は、現在のスウェーデン王室に続いている。マチルダと愛する人の血脈は今も受け継がれているのだ。

マチルダ王妃の逮捕の瞬間。（1872年版）

ツェレ城

ツェレ城はブラウンシュヴァイク＝リューネブルク公爵家の城だ。不貞の罪に問われ、幽閉されたジョージ一世の妻ゾフィー・ドロテア・フォン・ツェレはツェレ城で生まれた。現在、城の内部はブラウンシュヴァイク＝リューネブルク公爵家の歴史展示場となっている。

不倫の末、嫁ぎ先のデンマークから追放されたキャロライン・マチルダの生涯も紹介されている。マチルダを中心に夫であるデンマーク国王クリスチャン七世、不倫相手の医師ストルーエンセの肖像画が対等に並んでいるのは驚きである。

英国人であることを誇りにしたジョージ三世は、六〇年の統治期間中、もうひとつの統治地であるハノーファーには一度も足を運ばなかった。ジョージ四世は戴冠後の一八二一年、前王の方針に逆らうかのようにハノーファーに凱旋する。領民たちは、大歓声でジョージ四世を迎えた。ツェレ城にはその様子を描いた大きな絵画なども残されている。

英国のハノーヴァー朝は、サクス＝コバーグ＝ゴータ（ドイツ名ザクセン＝コーブルク＝ゴータ）朝からさらにウィンザー朝と名を変えながら、その血脈は現在のチャールズ三世まで続いている。ツェレ城はそんな英国王室の原点なのだ。

キャロライン・マチルダが幽閉されたツェレ城。

ジョージ4世がツェレ城を訪れた際に作られた記念の刺繍。

オストフリースラント式ティーセレモニー

ハノーファー選帝侯の治めた現在のニーダーザクセン州は、ドイツのなかでも最も茶の消費量が多い地域として知られている。その年間消費量は一人二・五キロと英国以上だ。なかでも州都ハノーファーから北西に位置するオストフリースラント地域では、この地域独特の紅茶の飲み方「ティーセレモニー」が守られている。

　そのルールは次のようなものだ。オストフリースラント地域向けにブレンドされている茶葉を使用すること。ポットには必ずウォーマーを使い、牛乳ではなく生クリームを使うこと。砂糖は氷砂糖を使うこと。

　オストフリースラントのノルデンには「オストフリースラント・ティーミュージアム」「ティーミュージアム」が、近隣の町リールには、「ブンティンティーミュージアム」がある。それぞれのミュージアムでは、美しいティーウェアや、氷砂糖に関する展示、一九世紀の紅茶売り場の再現、地域の紅茶ブランドの紹介、世界各国のティータイムの紹介などがされており、予約すればティーセミナーも受けられる。

　オストフリースラント式の「ティーセレモニー」は、ハノーファーやブレーメンの街の紅茶専門店でも体験できる。茶をヨーロッパに輸入したオランダが近いこと、英国とのつながりが強い地域だったことが、この地域の茶文化を支えたのだろう。

寒い北ドイツならでは。ティーポットは必ずウォーマーで温める。

牛乳ではなく生クリームを使う。

物語
12

マリア・フィッツハーバート

1756~1837

皇太子の秘密の妻に

遊び人として知られていた皇太子ジョージは、一七八四年の春、恋に落ちる。相手は六歳年上で、夫と二度死に別れているカトリック教徒の平民マリア・フィッツハーバート（一七五六〜一八三七）だった。マリアは、自分は皇太子の恋の相手にはふさわしくないと彼を拒絶。しかし皇太子の情熱は燃え上がる一方だった。フランスに逃げた彼女を追い回したあげく、恋人になってくれないならば死んだ方がましだ……と自殺未遂騒ぎを起こす始末。マリアはとうとう観念した。

一七八五年一二月一五日ジョージは、マリアと秘密の結婚式を挙げる。英国ではカトリック信者と結婚した者は王位継承権を失うことになっていた。また「王室結婚令」により、二五歳未満の王族の結婚は国王の許可が必要だった。ジョージとマリアは公式な夫婦として暮らすことは許されなかったが、彼はマリアを心の拠り所とし、港町ブライトンで新婚生活を楽しむ。マリアはジョージの飲酒を控えさせ、無作法を正すなど、とてもよい妻となった。

「借金の棒引き」のために結婚

しかし幸せな生活は一〇年で終わりを告げる。ジョージは議会と父から相応の生活費を与えられていたが、浪費はそれを上回り、膨らんだ借金は国庫の約半分にもなった。国王ジョージ三世は、皇太子に従姉妹のキャロライン・オブ・ブランズウィック（一七六八〜一八二一）との正式な結婚を迫る。条件は「借金の棒引き」だ。一七九五年四月、ジョージは不本意ながらもマリアと別れキャロラインと結婚した。しかし結婚生活はうまくいかず、皇太子妃が初めての女児を出産した数日後、体調を崩したジョージはとんでもない遺言を書く。「皇太子妃といわれている女性に一シリングを残す、マリア・フィッツハーバートに我が全財産を与える」。

妻と別居したジョージは一七九七年に、再びマリアの元に戻ってくる。ジョージの浮気癖は直らなかったし、皇太子妃との離婚裁判も進まなかったが、二人の縁は長く続いた。一八三〇年、ジョージ四世となっていた彼は六七歳で崩御した。彼はマリアの肖像画が描かれたペンダントを身につけたまま埋葬された。

ジョージ四世はマリアからの手紙をすべて保管していた。しかし手紙は二人の秘密の結婚を公にしたくない新国王ウィリアム四世（一七六五〜一八三七）により破棄される。ウィリアム四世は兄に尽くしたマリアに、すべてを秘密にする代わりに公爵夫人の称号を受けるように説得する。マリアは拒否した。世間に自分たちの関係を吹聴するつもりはなかった。

ただ、二人はカトリックの神の御前では正式な夫婦だったと信じていただけだ。

マリアはジョージとの思い出の地ブライトンで一八三七年に逝去、亡骸はカトリックのセント・ジョン・バプティスト教会に埋葬された。教会内にはマリアの記念レリーフがある。その指には、彼女が三回正式に結婚したことを示す三本の結婚指輪がはめられている。

ジョージ４世の愛人マリア・フィッツハーバート。(1790年版)

プリンス・オブ・ウェールズ・デザートサーヴィス

クラウンダービー窯の「プリンス・オブ・ウェールズ・デザートサーヴィス」。

ジョージとマリアが新婚生活を楽しんだロイヤル・パビリオンは、当時新古典主義の外装にバロック様式の内装だった。皇太子はこの離宮に友人たちを招き、連日宴会を催した。美食家で知られた皇太子の晩餐は品数が多く豪華だった。この時代、作られた料理はすべて同じタイミングで食卓に並べられていた。そのため、ほとんどの料理が冷めてしまうという悲しい事態となる。美食家のジョージは、蒸気で食べ物を保温する設備を厨房に作らせ、温かいまま提供させたという。一九世紀半ば以後、料理は作られた順に運ばれるという現在のサーヴィスが考案される。

ディナーがひととおりすむと、ディナーサーヴィスと呼ばれる食器は一度下げられ、デザートの時間になる。フルーツや砂糖菓子が運ばれると、女性たちは歓声を上げる。デザートサーヴィスの食器は、ディナーの食器では御法度とされた愛らしい花柄の絵付けも歓迎された。

一七八七年、ジョージはクラウンダービー窯にオリジナルのデザートサーヴィスを特注する。バラと勿忘草《わすれなぐさ》の可憐な絵付けは、マリアの雰囲気にぴったりだ。この食器は現在「プリンス・オブ・ウェールズ・デザートサーヴィス」として継承されている。

イマリパターン

ジョージ４世の愛したイマリスタイルの食器はロイヤル・パビリオンのダイニングルームにぴったり合った。

ロイヤル・パビリオンは、一八一五〜二三年にかけて建築家ジョン・ナッシュ（一七五二〜一八三五）によりに増築され、インド・サラセン様式に改装された。ナッシュはロンドンのリージェンツ・パークやリージェント・ストリートの設計、バッキンガム・ハウスの増築も手がけていたジョージお気に入りの建築家だった。一七九八年、ナッシュは皇太子の長年の愛人といわれる女性と再婚していた。

新古典主義だった建物の外観はイスラム風に。バロック様式だった内装は中国風へと、ロイヤル・パビリオンは大変貌を遂げる。見る人に強烈なインパクトを与えるこの改装にはジョージも積極的にかかわった。中国を一度も訪問したことがなかったにもかかわらず、想像の中だけで中国の世界観を作り上げたジョージの美意識は、彼の浪費に呆れる人びとでさえ、評価したそうだ。ダイニングルームの調度品や照明はドラゴンや鳳凰《ほうおう》などのモチーフが多用され、壁には中国人をイメージした絵が描かれた。内装の煌《きら》びやかさに負けないテーブルウェアが求められる。ジョージはクラウンダービー窯のイマリパターンを愛用した。

物語
13

キャロライン・アメリア・エリザベス・オブ・ブランズウィック

1768~1821

夫の戴冠式から締め出される

一八二一年七月一九日、キャロライン・アメリア・エリザベス・オブ・ブランズウィック（一七六八～一八二一）はウェストミンスター寺院の入り口で締め出しを食らっていた。寺院内では夫であるジョージ四世の戴冠式が今まさに行われている。それなのに王妃としてともに戴冠すべき自分は、中に入ることさえできない。許せない。なんて卑劣な男なのだ。彼女は大声で叫び、暴れた。しかし扉が開くことはなかった。

ブラウンシュヴァイク＝ヴォルフェンビュッテル公カール・ヴィルヘルム・フェルディナント（一七三五～一八〇六）と、英国王ジョージ三世の姉オーガスタ・シャーロット・オブ・ウェールズ（一七三七～一八一三）の次女として、一七六八年五月一七日キャロラインは生まれた。勉強は苦手、詩や音楽、戯曲が大好きでロマンチストのキャロラインは、惚れっぽい性格で、一〇代になるとしばしば問題行動を起こす。両親は彼女を部屋に閉じ込め、極力異性との接触を禁止した。そのため婚期は遅れた。

二五歳になったキャロラインは、母方の従兄弟である三二歳の英国皇太子ジョージ・オーガスタス・フレデリックの花嫁候補になる。皇太子は一〇代の頃から酒と女におぼれ、美術品の蒐集、宮殿の建築、マリア・フィッツハーバート未亡人との秘密結婚など、底なしの浪費と放蕩の生活に身を費やし、国民を呆れさせていた。国家予算の半分にも膨れあがった借金の棒引きを条件に、皇太子はマリアと別れ、父の推したキャロラインと結婚することに同意した。

一七九五年四月七日、ハノーファーで花嫁修業をしたあと、ロンドンに到着したキャロラインと対面したジョージは、彼女の厚化粧と強烈な体臭に驚く。ジョージは激しく動揺する。キャロラインも肖像画と異なるジョージの肥満体に失望する。

四月八日二〇時、ロンドンのセント・ジェームズ宮殿のチャペルで二人の結婚式は行われた。やけ酒で泥酔したジョージは弟たちに両脇を支えられて立っているありさまで、新婚初夜はさんざんだった。さらにジョージは結婚わずか二日後に、別れた秘密の妻マリアとよりを戻しに行くと騒ぎを起こす。二人の悲惨な現状はキャロラインの実家にも伝えられた。母オーガスタは甥の愚行にため息をつきつつ、弟ジョージ三世にフォローを依頼する。

五月、新婚初夜の一夜でキャロラインが妊娠したことが判明する。皇太子は彼女の妊娠を喜び、ブライトンのロイヤル・

パビリオンに身重の彼女を連れて行く。彼は王妃に宛て「彼女はここが大変気に入っている。自分たちは仲良くしていけるように思う」と書き送る。しかしキャロラインは、夫の愛人との同居生活への嫌悪、夫を諫《いさ》めてくれない王妃への不満などがたまっており、友人や実家に愚痴の手紙を送る日々だった。そんな皇太子妃を面白く思わないジョージの愛人は、キャロラインが実家宛てに書いた手紙を開封し、世間に公開してしまう。妻の本音を知ったジョージのプライドは深く傷ついた。

　一七九六年一月、長女シャーロット・オーガスタ（一七九六～一八一七）が誕生する。この数日後体調を崩したジョージは、死期が迫ったと勘違いし、遺書を書く。そこには「皇太子妃といわれている女性に一シリングを残す。マリア・フィッツハーバートに我が全財産を与える」「皇太子妃を娘の養育にいっさいかかわらせない」と綴られていた。夫妻は、その後本格的な別居生活を始める。キャロラインは娘と暮らすことを許されず、ロンドン郊外のチャールストンに移らされ、一七九八年グリニッジのモンタギュー・ハウスに追いやられた。

ジョージ４世妃キャロライン・オブ・ブランズウィック。（Thomas Lawrence/1798年版）

暴露合戦

　皇太子は愛するマリアとよりを戻す。キャロラインも自由奔放な生活に興じる。政治家、軍人、画家など、さまざまな男性を自宅に頻繁に出入りさせ、複数の男性と関係を持っていると周囲に噂をされる。このような素行から娘との面会回数は徐々に減らされてしまう。

　キャロラインはなかなか会えない娘の代わりに、孤児たちの里親探しの活動にかかわるようになる。一八〇二年、生後四か月の男子を自らの養子にし、かいがいしく世話をする。しかしこの子は、キ

30代半ばのキャロライン・オブ・ブランズウィック。皇太子とはすでに別居状態だった。（Thomas Lawrence /1824年版）

ャロラインの不義の子であると噂され、ジョージはこの不貞疑惑に飛びつく。一八〇六年五月末、ジョージ三世は皇太子に懇願《こんがん》され、王立委員会を構成。ことの真相を秘密裏に調査させることにする。多数の証人を招き調査した結果、問題の子は貧しい女性が生んだ子どもと判明。七月、無実の判決が出る。

自分が疑われていたことを知ったキャロラインはショックを受け、一〇〇ページにわたる抗議文をジョージ三世に送った。国王は詫びを兼ね、キャロラインの皇太子妃としての立場を庇護するため、ケンジントン宮殿の一角に彼女の住居を用意するも、彼女の国王に対する恨みは消えなかった。

一八一一年、ジョージ三世の精神障害が悪化、ジョージは摂政皇太子に就任する。ジョージは妻と離婚するための情報集めに躍起となり、彼女が不利となる情報を提供した者には謝礼金を出すと新聞広告まで出す。キャロラインも対抗するために、一八一三年自らの立場を『ザ・ブック』にまとめて出版。この本は大衆の興味関心を誘い大いに売れた。

一八一四年、ナポレオン戦争の終結を祝う王室祝賀会への参加を拒否されたキャロラインは大激怒。英国に娘を残し、外国暮らしを始めることにする。国民はそんなキャロラインを、夫に忌み嫌われ、国外に追いやられた可哀想な皇太子妃と同情し、議会も多額の年金を与えた。キャロラインは故郷のブラウンシュヴァイクに立ち寄り、その後イタリアへ向う。現地では若い軍人を案内人として雇い、「聖キャロライン騎士団」と称させ、常に側に置いた。キャロラインが遠い異国で、イタリア人の男を愛人にしているという噂はあっという間に英国にも伝わり、ジョージの希望で一八一八年八月、英国議会は皇太子妃の不貞の証拠を集めるミラノ委員会を発足させる。

一八一六年、母不在中に一人娘のシャーロットはザクセン＝コーブルク＝ゴータ家のレオポルド・ジョルジュ・クリスチャン・フレデリック（ドイツ名レオポルト・ゲオルク・クリスチアン・フリートリッヒ）（一七九〇～一八六五）と結婚。英国で新婚生活をスタートさせる。しかし翌年の一八一七年一一月六日、彼女は男児を死産した後、産褥《さんじょく》で他界してしまう。ジョージは娘の結婚、逝去について、キャロラインにはいっさいの報告をしなかった。彼女はたまたまローマ教皇を表敬訪問した際に、娘の結婚と死を知り、夫の仕打ちに恨みを募らせる。

一八二〇年一月、義父ジョージ三世が崩御する。夫は彼女が王妃としての称号を放棄し、外国にとどまるならば年間五万ポンドの終身年金を与えると提案するが、キャロラインは拒否する。彼女は王妃としての権利を主張するために六年ぶりに帰国。

ジョージ四世は戴冠式前の離婚を切望し、戴冠式の日取りを延期してまでも議会に「離婚承認法案」を提出したが、案件は一一月に否決された。裁判期間中のキャロラインは、動じることもなく、証人尋問中に居眠りするほどマイペースぶりを貫く。夫に虐げられた可哀想な王妃、悲劇のヒロインとして彼女はマスコミの支持を得る。ジョージ四世の提出した法案撤回の署名運動もさかんになる。裁判後の一一月三〇日には、キャロラインの無罪を祝う集いがセント・ポール大聖堂で開催されたほどだ。

裁判でキャロラインを支持した人物のなかには、アールグレイティーの由来となったチャールズ・グレイ伯爵（一七六四～一八四五）もいた。ジョージ四世と対立したグレイ伯爵は、当時首相候補に名があがるも、なかなか任命されず、彼の活躍はジョージ四世の死後となる。

しかし裁判後、キャロラインの外国での奔放な生活ぶりや、高額の年金の受給などが露見すると、世間の目はキャロラインに対しても批判的になる。戴冠式は延期の末、一八二一年七月一九日にウェストミンスター寺院で行われることとなる。キャロラインは式典に参加するため寺院に向かったが、国王の命令によりすべての入り口は施錠され、締め出しを食らう。逆上したキャロラインは、扉をこじ開けようと大声で叫び暴れた。この行為はすべて無駄に終わり、彼女の名誉も地に落ちる。精根尽きたのか、キャロラインは帰宅後体調を崩し寝付いてしまう。

そして八月七日、ハマースミスのブランデンブルクハウスで五三歳の生涯を終えた。彼女は遺言に、自分の亡骸はウィンザー城に眠る娘の側に埋葬してほしいと綴った。しかしジョージ四世はそれを拒否。亡骸は船に乗せられ、無情にも故郷のブラウンシュヴァイクへ送り返された。さらに、仕えていた女官が国王夫妻の離婚にまつわる暴露本を出すと、ジョージ四世と亡き王妃キャロラインは再び批判の対象となり、彼女の名誉は死後も回復することはなかった。

物語
14

シャーロット・オーガスタ・オブ・ウェールズ

1796~1817

両親の不和の狭間で

英国の皇太子妃キャロライン・オブ・ブランズウィックは一二時間にもおよぶ陣痛の末、一七九六年一月七日シャーロット・オーガスタ・オブ・ウェールズ（一七九六～一八一七）を産んだ。両親は結婚当初から不仲だった。父ジョージ・オーガスタス・フレデリックは誕生した子どもが男児でないことに落胆したが「できる限りの愛情を込めてこの女児を受け入れる」と誓った。

父ジョージはシャーロットの誕生から三日後、体調を崩し自身の健康に自信が持てなくなったことをきっかけに「遺書」を書く。そこには「娘の世話と保護は存命の間は父王に、ことがあれば我が素晴らしき母に委ねる」「娘の母親である皇太子妃には、娘の養育に決してかかわらせるべきではない」と書かれていた。母は単独でシャーロットに接見することを許されず、女官や乳母が見守るなか一日一回だけとされた。両親は二人とも、娘を自分の味方にしようと画策し、互いの悪口を吹き込む。

母はシャーロットと暮らしたいと望んだが認められず、カールトン・ハウスを出て、グリニッジのモンタギュー・ハウスで別居した。三歳になる前に、父は一度だけ母に譲歩し、親子三人で冬をすごすことを提案する。しかし母は招待を断り、和解のチャンスを逃してしまう。

九歳のとき、見かねた祖父ジョージ三世はシャーロットを自分の保護下におくことを決める。彼女は父の元から、祖父母のいるウィンザー城に移り、未来の女王としての教育を受けることとなった。

一八一一年、祖父の病状の悪化により、父ジョージは摂政皇太子に就任する。シャーロットの後見は祖母シャーロット王妃と、叔母に託された。

彼女は母に似て恋愛小説のヒロインに自分を重ねるようなロマンチストだった。一五歳を迎えたシャーロットは二人の男性に恋をする。二人とも父の弟の非嫡子である青年将校だった。母キャロラインは娘が恋愛に対して情熱を持っていることを知り、周囲に内緒で娘と恋人の密会を手助けしたりもする。しかし英国の王位継承権を担っているシャーロットの恋愛、結婚は、国にとって一大重要事項であることを自覚し始めると、彼女は自身の行動を慎むようになる。

一八一三年一二月、シャーロットは英国とネーデルラント連合国との同盟の礎として、オランダの王子ウィレム・フレデリック（一七九二～一八四九）と婚約する。結婚式はネーデルラントの国政が落ち着くまで先延ばしにされた。しかしこの結婚にシャーロットは一抹の不安を抱えていた。結婚後はオランダで生活することが決められていたが、自分が女王となった際、夫とは別居が避けられないこと。そして自分が結婚しオランダへ行ってしまったら、母キャロラインがますます父から虐《しいた》げられることを危惧した。

一八一四年、そんな彼女の悩みを吹き飛ばす運命の出会いが訪れる。ロンドンのホテルで開かれたパーティーで出会った、ザクセン＝コーブルク＝ゴータ家のレオポルド・ジョルジュ・クリスチャン・フレデリックにひとめ惚れをしたのだ。

シャーロット王女は国民に人気だった。(1840年版)

彼はナポレオン戦争で活躍し、ロシア皇帝とも親交がある美男子だったが、財産を持っていなかった。彼女はウィレムとの婚約を解消する決意をする。父ジョージは激怒し、シャーロットに自宅軟禁を命じる。彼女は母キャロラインに助けを求め逃げだすが、母や側近たちに諭され、泣く泣く父の元へ戻る。王女の愛を求めた逃避行劇は、新聞でも取り上げられ、結婚を強要された可哀想な王女として国民の同情を得ることになった。

シャーロットと王子、非業の死

父ジョージは自我を持った娘と母キャロラインが結託することを恐れて、二人の面会を厳しく制限。その回数は二週間に一度に減らされてしまう。さらに父は、ナポレオン戦争の終結を祝う王室祝賀会へ母の参加を拒絶。激怒した母は、ついに外国へ旅立つ決心をする。シャーロットは、母に英国にとどまるように懇願《こんがん》したが、彼女の決意は固く、多額の年金を得てイタリアへと旅立ってしまう。母娘は、旅立ちの前に一時間ほどの面会時間を持った。

恋愛結婚をしたシャーロット王女と、レオポルド。(1817年版)

ジョージは依然として娘の結婚相手はウィレムという考えを持っていたが、シャーロットの頑なな拒否と懇願により、一八一六年シャーロットとレオポルドとの婚約を許した。英国議会は、レオポルドを英国人に帰化させる法案を可決し、彼に多額の年金を約束、夫妻のためにクレアモント・ハウスを購入する。結婚式は五月二日、皇太子の住居カールトン・ハウスで挙式が執り行われた。邸宅の前には早朝から人が集まり、祝福の言葉が贈られた。

結婚翌年、二度の流産を経て、シャーロットは念願の子どもを身ごもる。彼女は流産を恐れ、行動を極力制限したことから、体重は増加、医師から食事制限を出される。出産予定日は一〇月一九日だったが、出産の兆候はなかなか訪れなかった。長期の食事制限は彼女の体力を奪っていた。

一一月五日の夜、五五時間の長い陣痛のあと、大きな男児が誕生する。しかし息をしていなかった。子どもの死を告げられたシャーロットは「神の御意志だ」と述べるのみだった。母体の安定を確認した医師たちは日付が変わる前に邸宅を引き上げる。夫レオポルドも、失意のままアヘンチンキを服用し眠りに就く。

夜中にシャーロットは壮絶な苦しみに襲われる。嘔吐が続き、子宮からの出血は止まらなかった。意識は遠のき、彼女はそのままこの世を去った。あまりにも突然の死に、レオポルドは最期の瞬間に立ち会えなかった。

シャーロットと王子の死は、英国中に深い悲しみをもたらした。父ジョージはショックのあまり娘の葬儀に参列できないありさまだった。そして、不仲な妻には彼女の死を知らせなかった。のちに、旅先で人づてに娘の死を聞いた母はショックのあまり気絶したともいわれている。シャーロットの亡骸は、ウィンザー城のセント・ジョージ礼拝堂に息子とともに埋葬された。父はシャーロットの出産を担当した医師を責めはしなかった。しかし医師は、国民の希望である王女を失わせてしまった責任を重く感じ、自ら命を絶った。悲劇が悲劇を呼んだのだ。

レオポルドはシャーロットの死後も英国にとどまる。しかし、一八三〇年のロンドン会議でネーデルラント連合国からベルギーの独立が認められると、政治家チャールズ・グレイ伯爵の後押しなどもあり、ベルギー国王に推挙される。一八三一年七月二一日、彼はブリュッセルでレオポルド一世として即位した。そして翌年にフランス王の娘と再婚し、シャーロットとの間に叶わなかった子どもをもうける。新しい人生を歩み始めても、レオポルドは一度つかみかけた英国女王の王配殿下という立場に未練を捨てられなかった。それは次世代の国王へのかかわりとして続く。

トゥルートリオ

ティーカップとコーヒーカップがセットになったトゥルートリオ。

一八世紀半ばになると、ヨーロッパの各国で磁器焼成がさかんになる。英国でもダービー窯やウースター窯、コールポート窯など多数の窯が設立される。東洋の湯呑みから発展したティーボウルには、ハンドルがつくようになり現在のティーカップ＆ソーサーが定着する。そのティーカップ、コーヒーカップ、ソーサーの三点セットを英国では「トゥルートリオ」と呼ぶ。お茶とコーヒーを同時に飲む人はいないので、ソーサーは一枚でいいというのが、合理的な英国人らしい発想だ。トゥルートリオは、一八世紀末から、一八四〇年代まで数多く作られた。

しかしその後はアフタヌーンティーの流行により、茶会での飲み物は茶が主流となったため、コーヒーカップの代わりに茶菓子を取り分けるケーキプレートをつけた新しい「トリオ」が人気となる。

シャーロット・オーガスタが生きた時代のトゥルートリオは現在アンティーク市場で多くの人びとを魅了している。短い新婚生活で、彼女も愛する夫とともにトゥルートリオでお茶の時間を楽しんだに違いない。

物語 15

アデレイド・オブ・サクス＝マイニンゲン

1792~1849

虚栄や豪奢と無縁の人生

一八四九年一二月二日、ミドルセックスのベントリー修道院で王太后アデレイド・オブ・サクス＝マイニンゲン（ドイツ名アーデルハイト・ザクセン＝マイニンゲン）（一七九二〜一八四九）は永遠の眠りについた。彼女の葬儀は、自身が書いた指示書のとおりに執り行われ、亡骸はウィンザー城のセント・ジョージ礼拝堂の夫の側に埋葬された。指示書には「私は謙虚さの中で死ぬ。神の前では皆同じだ。したがって私の亡骸は豪華にすることなく埋葬してほしい。葬儀は限られた人だけで静かに行ってほしい。私は安らかに死ぬ。この世の虚栄や豪華さとは無縁の安らかさの中に休む」とあった。それはまさに彼女の人生だった。

一七九二年八月一三日、ザクセン＝マイニンゲン公ゲオルク一世（一七六一〜一八〇三）の長女としてアデレイドは生まれた。両親の間には結婚一〇年子宝に恵まれなかったため、彼女は待望の子どもとなった。マイニンゲンは、ドイツ諸国の中でも最小に近いほど小さかったが、出版の自由や、公立図書館の一般公開など、啓蒙思想の進んだ国だった。彼女の父は貧しい子どもや孤児を受け入れる工業学校や、女性のための学校設立に尽力した。父の生き方は、アデレイドの生涯に大きな影響を与える。父亡きあと、母は弟の摂政となり国を支える。アデレイドは母と弟を助け、父の後を継ぎ慈善活動にも勤《いそ》しんだ。そのため残念ながら良縁には恵まれなかった。

そんな彼女に英国より結婚話が舞い込んで来る。相手は英国王ジョージ三世の三男ウィリアム・ヘンリー（一七六五〜一八三七）だった。もちろん訳ありの男だ。ウィリアムには一〇人もの非嫡子をもうけた三〇年来の愛人がいた。しかし一八一七年、兄である摂政皇太子ジョージの一人娘シャーロット・オーガスタが出産で亡くなったことをきっかけに、王位継承権が近づき考えが変わる。上の兄は結婚していたが子どもはおらず、妻と別居状態だった。とすれば、長兄の亡きあと、王位は次男、次男に子がなければ、自分、そして自分の子孫。欲望が生まれる。王位継承者を安定させるため、英国議会も、正当な結婚をすれば年金の増額を約束した。ウィリアムは愛人に年金を約束し、関係を断ち切った。さあ、花嫁探しだ。

アデレイドは二六歳。五三歳のウィリアムとは二七の年の差があったが、結婚を諦めていたアデレイドにとってはありがたい話だった。彼女は夫の過去や、非嫡子がいることもすべて了承したうえで結婚を受け入れた。

THE FUNERAL CEREMONY IN ST. GEORGE'S CHAPEL.
アデレイド王妃の葬儀の様子。(The Illustrated London News/1852年9月18日)

二人は挙式の一週間前に対面、一八一八年七月一一日、キュー・パレスで結婚をした。結婚式は、ウィリアムの弟ケント＝ストラサーン公エドワード・オーガスタス(一七六七〜一八二〇)と、その妻ヴィクトリア・オブ・サクス＝コバーグ＝ザールフィールド(ドイツ名ヴィクトリア・フォン・ザッセン＝コーブルク＝ザールフェルト)(一七八六〜一八六一)との二組合同の結婚式だった。弟のケント公も兄と同じく嫡子をもうけるために、慌てて結婚を決めたのだ。

信仰に篤く、旅を好む

新婚生活は、ハノーファーで始まった。一八一九年、一八二〇年、続けて女児を産むがどちらも生後すぐに夭逝する。その後の双子の男児は死産だった。以降、子を授かることはなかった。アデレイドは実子の代わりに、生涯にわたり夫の非嫡子を気にかけた。一八二〇年、番狂わせで義弟ケント公が急逝。続いて父王ジョージ三世が崩御すると、長兄がジョージ四世として即位した。一八二七年に子どもがいなかった次男が逝去すると、夫

HER MAJESTY, as she appeared at the CORONATION. Sep.r 8th 1831.
ウィリアム４世妃アデレイド。

ウィリアムが推定相続人となり、即位に現実味が帯びてきた。

一八三〇年ジョージ四世が崩御、夫はウィリアム四世となり、アデレイドは王妃となった。翌年の九月八日、ウェストミンスター寺院で戴冠式が行われる。軍人生活が長かった夫は、六六歳の自分の在位は短いだろうから、戴冠式はしなくてもいいと主張し、英国議会を困らせた。アデレイドはそんな夫をたしなめつつ、自身は神から与えられた王妃という使命を重く受け止め、真摯に儀式に臨んだ。戴冠式のあとの祝賀会も、夫はしなくてもいいとの考えだった。アデレイドは自身の宝石を売却し、宴会の代金を用意して人びとをもてなした。国民はこうした彼女の姿や、信仰心、奥ゆかしさ、慈悲の心を讃えた。そしてこの優しい王妃が子どもに恵まれなかったことを嘆いた。

王妃になったアデレイドは国からの年金のほとんどを、慈善活動に充てた。そのため宮廷ではジョージ四世の時代に比べて、極端にパーティーの回数が減った。またアデレイドが、道徳心のない貴族を宮廷の招待リストに載せないようにしたこともあり、ジョージ四世時代を懐かしむ貴族も多かったという。

世継ぎは亡くなった義弟ケント公の娘ヴィクトリアに決まっていた。未亡人の立場だったヴィクトリアの母は、ウィリアム四世に自分の娘をとられてしまうことを恐れ、娘を宮廷に出すことを渋った。ウィリアム四世は義妹を嫌い「ヴィクトリアが成人に達するまで生き、ケント公爵夫人にヴィクトリアの摂政はさせない」と人前でいい切るほどだった。姪のヴィクトリアとは、たまにしか会えなかったが、彼女は国王と王妃を終始慕ってくれた。

一八三七年、戴冠から七年弱、ウィリアム四世は姪ヴィクトリアの成人を見届けた翌月の六月、七一歳で崩御した。アデレイドはウィリアムの死の床に献身的に付き添い、一〇日以上も自分のベッドで寝ることをしなかったという。姪は一八歳で英国女王となった。

王太后となったアデレイドは宮廷から遠ざかることを決める。アデレイドは療養も兼ねて気候のよい温暖な土地を求めて旅を始める。地中海の中央に浮かぶマルタ共和国、ポルトガル領のマデイラ諸島、彼女の故郷マイニンゲンなど、英国を離れる時間を多く持った。一八八〇年には、ノッティンガムからリーズを移動する際、英国王室で初めての鉄道旅を体験した。旅する土太后のために、アデレイド専用列車がロンドン・バーミンガム鉄道によって作られる。車両は現在、ニューヨークの国立鉄道博物館に保存されている。

教育や信仰心に篤かったアデレイドは、一八四二年ウィットリー・コートに新しく居を構えた際、村で最初の学校に資金を寄付する。マデイラ諸島では貧しい人びとへの寄付に加え、道路建設のために資金援助もした。植民地の南オーストラリアでも、子どもたちや、移民者への支援を行った。

姪はそんな王太后を気づかった。一八四六年には夫を伴い、彼女が滞在していたカシオブリー・ハウスを慰問したり、長女のミドルネームにアデレイドの名前をつけたり、細やかな愛情を見せる。

一八四一年、アデレイドは冒頭の指示書を書き上げた。そこから八年、彼女は自分らしい人生を生き、五七歳でこの世を去った。彼女の残した財産はアデレイド基金として、その後も多くの弱者を救った。

Column

アデレイドシェイプ

一七九五年、カーフレイ窯で修業を終えたジョン・ローズ（一七七二～一八四一）は、シュールズベリーの実業家に資金援助を受け、コールポート窯を設立する。日本の柿右衛門様式とイマリをミックスした「インディアンツリー」のパターンを得意としていたが、上流階級の女性顧客を増やすため、コールポート窯はロココ様式に力を入れることにする。一八二〇年、クラウンダービー窯出身で、皇太子時代のジョージ四世に献上された「プリンス・オブ・ウェールズ・デザートサーヴィス」の絵付けを担当した職人を主任絵付け師として迎える。美しい花の絵のためには、美しいシェイプの白磁が必要だ。一八三〇年、コールポート窯は新しいシェイプを作る。

新シェイプはその年に即位した王妃にあやかり「アデレイドシェイプ」と名付けられ、一八四五年位まで製造された。アデレイドシェイプは花が満開に咲いたように口径が広がり、縁にはフリルとエンボスが細工されている。エレガントなハイハンドルのバランスも見事だ。たいていの場合、カップの内側に美しい絵付けが施されている。アデレイドシェイプは二〇世紀初頭に復刻されるが、やはりオリジナルのものは作りが細かく格別だ。

アデレイド王妃の名に因んでつけられたデザイン、コールポート窯の「アデレイドシェイプ」。

物語16

ヴィクトリア・オブ・サクス＝コバーグ＝ザールフィールド

1786~1861

蠢く王位への野望

ヴィクトリア・オブ・サクス＝コバーグ＝ザールフィールド（ドイツ名ヴィクトリア・フォン・ザクセン＝コーブルク＝ザールフェルト）（一七八六～一八六一）の人生は、男たちの執念に翻弄され続けた。

　はじまりは弟レオポルドだった。一八一七年、英国王位継承第二位であった弟の妻シャーロット王女が出産により急逝した。王配の立場を夢見ていた弟の落ち込みは激しかった。王女が亡くなったとき、皇太子ジョージの数いる弟たちはほとんどが未婚、正式な嫡子を持っていなかった。五〇歳をすぎた男たちの花嫁探しが始まる。レオポルドはジョージ三世の四男ケント公爵エドワード・オーガスタスに目をつける。三男との継承争いを意識していた彼は、愛人と別れ正式な結婚に踏み切ろうとしていた。そこへ姉ヴィクトリアを送り込もうというのだ。ヴィクトリアは三二歳、寡婦《かふ》、二人の子どもがいた。花婿は五一歳。経産婦で子どもを産む可能性が高い点が気に入られた。

　弟の野心に引きずられ、一八一八年ヴィクトリアは再婚した。式は三男との合同結婚式だった。夫妻は物価の安いコーブルクに拠点をおいたが、子どもを産むのはロンドンでないといけない。妊娠したヴィクトリアは、身重の身体を押して

ヴィクトリアと娘のヴィクトリア。

渡英する。翌年五月二四日、彼女にとっては次女にあたるアレクサンドリナ・ヴィクトリアが誕生した。

そのわずか八か月後、夫ケント公が肺炎で急逝、ヴィクトリアは動揺する。彼女は英語を話せず、夫は独身時代の莫大な借金を残していた。この時点で娘の王位継承権は四番目だった。夫の長兄である摂政王太子ジョージ、次男、合同結婚式をともにした三男。三男には若いアデレイド妃がおり、子どもが生まれる可能性も高かった。しかし、弟レオポルドは、姉に資金援助を約束し英国にとどまるように説く。財政管理人として仕えた侍従サー・ジョン・ポンソンビー・コンロイ（一七八六～一八五四）を頼りにしながら、ヴィクトリアはケンジントン宮殿にとどまることにした。彼女は娘のために必死で英語を覚えた。教師役はコンロイだった。アイルランド出身だったコンロイは、コンプレックスの塊のような男だった。彼は未来の女王候補である娘ヴィクトリアの後見人になり、宮廷人を見返したいと野心を持っていた。弟レオポルドもそうだが、男の執着は女のそれ以上に怖いものがある。

ジョージ三世の崩御後、王位は長兄のジョージ四世に、そしてその死後は、三男のウィリアム四世へと継がれる。ウィリアム四世と王妃アデレイドには子が授からなかった。娘の継承権は決定的なものとなる。夫の兄弟は、五〇代まで結婚をしないような淫らな生活をしていた者が多かった。ヴィクトリアは娘を宮廷に出入りさせることを極力避け、ケンジントン宮殿内で大切に育てた。未来の女王になる娘なのだ、住環境や教育にはお金をかけてあげたい。そんな彼女の欲求は、国王に図々しいと拒絶される。必要ならばケンジントン宮殿を出て、ウィンザー城に入れというのだ。たまったものではない。

ウィリアム四世は自身の誕生日を祝う晩餐で、誕生祝いの礼を述べるべきスピーチで、義妹ヴィクトリアに敵意をむき出しにする。「余は、余の寿命が後一年長らえることを念じている。そうすれば、ここに座る若きレディーがめでたく成人し、この忌々《いまいま》しい人物が摂政となる禍々《まがまが》しい事態は避けられる」、娘の前で母である自分を辱《はずかし》めるなんて、なんて陰険な男だろう。

女王の母として

一八三七年、ウィリアム四世は姪ヴィクトリアの成人を見届け、翌月に崩御した。すごい執念だ。コンロイは勝利を手にし、勝ち誇る。しかし蓋を開けてみるとケンジントン宮殿での閉ざされた生活に不満を持っていたのは前国王だけではなかった。新女王となった娘のヴィクトリアも同じだったのだ。彼女は、即位当日から、コンロイはおろか、母の自分さえも避けるようになる。それまで一八年間守り通した母娘同室は呆気なく解消され、入居したバッキンガム宮殿で与えられた部屋は、娘の部屋からはるか遠くだった。

弟のレオポルドから娘の管理不足を責められ、ヴィクトリアは深いため息をつくしかなかった。なんのために、苦労をして英国に残ったのか。

それでも娘の結婚だけは、かかわりたかった。ヴィクトリアの兄には二人の男児がいた。即位前に一度対面させたとき、娘はあからさまに母の意図を警戒し、従兄弟に対し親しい態度をとらなかったが、ハンサムな次男アルバート（ドイツ名ア

ヴィクトリア（右）と娘のヴィクトリア（左）。（1840年版）

ルブレヒト）・ザクセン＝コーブルク＝ゴータ（一八一九〜六一）のことは気にかっていた様子だった。一八三九年、再び甥を英国に呼び寄せる。狙いは当たった。娘はアルバートに恋をし、プロポーズする。アルバートはドイツ人らしく、質素倹約、落ち着いた家庭生活を望んだ。そして幼少期に母と離別した経験から、義母のヴィクトリアに敬意を払い、母をないがしろにする娘を叱ってくれた。

長年支えてくれたコンロイは、ヴィクトリアの私的財産のみならず、亡き夫の妹の財産をも使い込んでいた罪に問われ宮廷を去った。娘の政治に口を出すことはもうやめよう。ヴィクトリアは女王の母として生きることにする。娘の出産に立ち会い、サポートする。親子関係は以前よりも親密さを増し、健全になった。娘は次から次へと子を産んだ。九人の孫に囲まれ、一八六一年ヴィクトリアは七四歳で病没した。

亡き夫ケント公は、放蕩《ほうとう》暮らしをしていた頃、ジプシーの占い師に言われたことがあるそうだ。「あなたの前途には多くの苦難が待ち受けているが、晩年は幸福になる。子どもが偉い君主になる」占いは当たった。娘と孫の未来は明るいはずだ。

ケンジントン宮殿

ケンジントン宮殿。

ヴィクトリア女王が誕生した部屋の再現。

ケンジントン宮殿には、現在も多くのロイヤルファミリーが暮らしている。宮殿の三分の一ほどのエリアが、王室の歴史展示として一般公開されている。

見所は三つだ。

ひとつ目は名誉革命により共同統治を行うことになったメアリー二世とウィリアム三世夫妻、妹のアン女王が建造した「クイーンズ・ステート・アパートメント」。王妃メアリー・オブ・モデナが、革命のきっかけとなった男児を産んだ天蓋付きのベッドも展示されている。

二つ目の見所は「キングス・ステート・アパートメント」。ジョージ一世、ジョージ二世が造営したエリアだ。ここではハノーヴァー朝の創設に深くかかわったゾフィー・フォン・デア・プファルツ、彼女が精魂込めて養育したジョージ二世妃キャロラインなど、ハノーファー選帝侯一家と、英国のつながりが紹介されている。

そして最も展示が充実しているエリアが「ヴィクトリア・ロイヤルチャイルド」だ。ケンジントン宮殿で生まれ育ったヴィクトリア女王の幼少期の生活をテーマにしている。ヴィクトリア生誕の寝室は、家具、絨毯、壁紙などを当時の購入記録をもとに、忠実に再現している。寝室の壁には亡きケント公爵の肖像画が飾られていた。何度訪れても、王室の息吹を感じるケンジントン宮殿、ぜひ足を運んでみてほしい。

物語 17

アレクサンドリナ・ヴィクトリア

1819-1901

孤独な少女時代

一八六一年は、アレクサンドリナ・ヴィクトリア（一八一九〜一九〇一）は最愛の人を立て続けに亡くした。「私のことをヴィクトリアと呼んでくれる人は、この世にもう一人もいない」それは女王としての彼女の孤独が浮き彫りになった瞬間だった。

16歳のときのヴィクトリア。（G. Hayter/1835年版）

ヴィクトリアは、一八一九年五月二四日、ジョージ三世の四男ケント公エドワード・オーガスタスと、ドイツ人の母ヴィクトリア・オブ・サクス＝コバーグ＝ザールフィールドの間に生まれた。父は一八一七年、摂政皇太子ジョージの一人娘シャーロット王女が急逝したことをきっかけに、王位継承の望みにかけ、正式な結婚による嫡子をもうけようとヴィクトリアの母と結婚した。昔ジプシーの占いで「あなたの前途には多くの苦難が待ち受けているが、晩年は幸福になる。子どもが偉い君主になる」と言われた言葉を思い出したのだ。コーブルクで暮らしていた両親は、母の懐妊をきっかけにロンドンにやってくる。王位継承者は、ロンドンで生まれなければならないという決まりがあったためだ。

六月二四日に行われた洗礼式はさんざんだった。代父となったのは摂政皇太子ジョージ、ジョージの友人ロシア皇帝アレクサンドル一世（一七七七～一八二五）だった。父と不仲だった摂政皇太子は命名権が自分にあると主張し、カンタベリー大主教が「何という名で祝福するか」と尋ねると、思いつきで「アレクサンドリナ」（アレクサンドルの女性名）と答えた。突然のロシア名に、父は慌ててミドルネームに英名の「エリザベス」を加えるよう訴えたが、ジョージは拒否。母と同じ「ヴィクトリア」をミドルネームとさせた。こうして彼女の名前は「アレクサンドリナ・ヴィクトリア」というロシア名とドイツ名になってしまった。

父は兄たちから家族を守らなくてはと決意したが、ヴィクトリアが生まれてわずか八か月後、肺炎で急逝した。その六日後に祖父ジョージ三世が後を追うように崩御、摂政皇太子がジョージ四世として即位する。

未亡人になった母は、英語もまともに話せないなか、父が独身時代に作った莫大な借金を背負わされ途方に暮れる。コーブルクに帰国することも検討するが、亡きシャーロット王女の夫であった弟レオポルドに引きとめられ、彼から資金援助を受け、英国にとどまる。財政管理人として仕えた侍従サー・ジョン・コンロイだけが頼りだった。

王位継承者としての自覚

洗礼式の一件もあり、母はヴィクトリアを宮廷に出すことを嫌った。彼女はケンジントン宮殿で過保護すぎる生活を送る。階段の上り下りは必ず人に手を引いてもらうこと、個室は禁止。英国では子どもは生まれたときから独立した部屋で育つのが普通だったが、ヴィクトリアは母と同じ寝室で寝起きすることを強いられた。幼少の頃のヴィクトリアの遊び相手は、異父姉のアンナ・フェオドラ・アウグステ・ツー・ライニンゲン（一八〇七～七二）だったが、姉はヴィクトリアと一二歳年が離れていたため、彼女が九歳のときに結婚により家を出てしまう。

異父兄はさらに年上で、主にドイツで生活をしていたため、時折顔を出す程度だった。同じ年齢の遊び友達もいないヴィクトリアにとり、母から与えられた一三二体の人形だけが友だった。

母は娘が女王になると信じ、幼少の頃から教育には力を入れていた。ドイツ語をはじめ、英語、フランス語、のちにはイタリア語とラテン語も覚えていく。勉強嫌いだったヴィクトリアだが、五歳の頃フェオドラの家庭教師ルイーゼ・レーツェン（一七八四～一八七〇）がつくようになると、学びに身が入るようになる。

一八三〇年、ジョージ四世が崩御、次男はすでに逝去していたため、三男のウィリアム四世が王位を継承する。国王夫妻には子がなかったため、ヴィクトリアは英国議会から「暫定王位継承者」に認定される。母は一一歳のヴィクトリアに女王となる定めを知らせることにする。告知役はレーツェンに委ねられた。彼女は英国史の教科書の中に、英国王室系譜表を隠しておき、それをヴィクトリアに見つけさせた。ヴィクトリアは系図をたどり「私は思ったより王座に近いところにいるのね」と感想を述べた。レーツェンから日記を書くことを勧められたヴィクトリアは、一三歳から記録をスタートする。全一四一巻の彼女の日記は、現在ウィンザー城内の王室文書館に大切に保管されている。

母はしばしばヴィクトリアを支配したがった。それはコンロイも同様だった。母を嫌っていたウィリアム四世は、ヴィクトリアが成人する一八歳になるまでは長生きすると息巻いていた。その願いは叶い、一八三七年、彼女が一八歳の誕生日を迎えた翌月の六月二〇日の深夜、ウィリアム四世はウィンザー城で崩御した。ヴィクトリアは午前六時に王宮からの使者が来たと母に起こされ、白い寝衣のまま宮内長官とカンタベリー大主教と面会した。彼らは彼女に国王崩御を報告し、その場に跪《ひざまず》いて新女王の手に口づけをした。ついで午前九時に首相メルバーン子爵ウィリアム・ラム（一七七九〜一八四八）がケンジントン宮殿を訪問し、ヴィクトリアの引見を受ける。ヴィクトリアは彼に引き続き国政を任せると述べた。午前一一時半よりケンジントン宮殿内の赤の大広間において最初の枢密院会議が開かれる。ヴィクトリアはできるだけ、優雅な物腰、毅然とした態度を心がけた。引見はいずれも母の同席なしで行った。この日以来、彼女は母から独立する。

戴冠後のヴィクトリア女王の立派な姿が描かれている。
（T.W. Harland/1858年版）

戴冠式は即位から一年後の一八三八年六月二八日、ウェストミンスター寺院において挙行された。戴冠式では、宝珠を渡す順番の間違いや指輪をはめる指を間違えるといったハプニングもあり、式典は予定より長時間になった。しかし若い女王は、ケンジントン宮殿に帰宅すると、日課である愛犬ダッシュの風呂の世話をし、まわりを驚かせる。もちろん日記も書いた。

母からの自立

女王となったヴィクトリアは、ケンジントン宮殿からバッキンガム宮殿に引っ越しをする。バッキンガム宮殿を宮廷として使用したのはヴィクトリアが初めてだった。彼女は母とコンロイが自分に干渉してこないよう、バッキンガム宮殿の部屋割りをする際、母の部屋を自分の部屋から遠ざけた。一方、家庭教師のレーツェンは自分の部屋の隣にとどめ、相談

ウェディングドレスのヴィクトリア女王と
軍服を着たアルバート公。（1862年版）

役として重用した。

　母との諍《いさか》いは、若い女王の判断力をも落とした。母付きの女官が、不倫の末に妊娠したという醜聞《しゅうぶん》を耳にしたヴィクトリアは不快感を抱く。その相手がコンロイかもしれない……と聞くと、怒りで平常心を失う。ヴィクトリアは女官に強引に医師の診察を受けさせる。しかし結果は妊娠ではなく、癌だった。妊娠の不名誉を着せられた女官は、生きる気力を失ったままこの世を去る。女王の思い込み、判断力の甘さは、国民からの批判を招き、王室の支持率は低下してしまう。

　そんなヴィクトリアを支えたのは、首相メルバーン子爵だった。父の存在を知らないヴィクトリアにとり、四〇歳年長の首相は頼れる存在だった。二人は毎日六時間の公務をともにし、一緒に夕食をとり、正式な晩餐会で隣に座った。日記には毎日のように「メルバーン卿」「M卿」の名前が登場するようになる。政権交代で彼が首相の座を降りることとなったときのヴィクトリアの衝撃は大きく、食事も喉を通らないほどだった。

幸せな結婚生活

　女王となったヴィクトリアに求められたのは結婚だった。即位前、ヴィクトリアは母の兄の子どもである従兄弟アルバート（ドイツ名アルブレヒト）・ザクセン＝コーブルク＝ゴータに初めて会う。彼女は彼のハンサムな容貌に惹かれたが、母や叔父レオポルド一世の意のままに従うことを嫌悪し、従兄弟とは距離をおいた。一八三九年一〇月、母は再びアルバートをウィンザー城に招く。久しぶりに会った従兄弟にヴィクトリアはすっかり魅了され、二日後にはメルバーン子爵に「アルバートと結婚する意志を固めた」と伝えた。彼女はアルバートを私室に呼び「貴方が私の望みを叶えてくれたらどんなに幸せでしょう」と、自らプロポーズした。家族の思惑はあったが、国のしがらみがない結婚は王族では珍しく、国民は女王の純愛を讃えた。アルバートは、語学、文学、芸術、建築、武芸などあらゆる面に秀でた人物で、英国の政治や文化を速やかに吸収していく。

クリスマスツリーを囲み幸せそうなヴィクトリア女王一家。（1848年版）

英国議会ではアルバートの将来の地位、年金、役割、称号などについての議論が始まる。ヴィクトリアは、アルバートに「王配殿下」として彼女に次ぐ最上の地位を与えるよう希望したが、ドイツ人との結婚に反対だった議員たちにより否決される。年金額も彼女が希望した額より低く設定された。ヴィクトリアはせめて少しでも彼に箔《はく》を……と、女王の権限で与えることのできるガーター勲章を授与した。

結婚式は一八四〇年二月一〇日にセント・ジェームズ宮殿で行われた。ヴィクトリアは、それまでの王室伝統であった銀糸で刺繍した重々しいドレスと、ベルベットのマントの衣装を拒否し、純潔を表す白いシルクのドレスに身を包んだ。胸にはアルバートがデザインしたサファイアのブローチが飾られ、髪にはオレンジの花のティアラと国産のホニトンレースのヴェールを被った。

ヴィクトリアが多忙な公務に追われる一方で、アルバートは慣れない英国で女王の伴侶として社交に追われた。しかし元来真面目な性格の彼にとって、このような公務は苦痛だった。ヴィクトリアは彼を気遣い、夫婦の会話はドイツ語を使うなど、夫をストレスから守ろうとした。アルバートも気が強いヴィクトリアをなだめ、物事を客観的にとらえられるように進言をしていく。結婚直後、ヴィクトリアは寝室付き女官の任免について内閣ともめる。アルバートは両者が妥協できる案を提案し、問題を円満に解決する。アルバートの仲介で母との仲も良好になった。しだいにアルバートはヴィクトリアにとり、自分にない考えを持つよきパートナーになっていく。執務室には二つの机が並び、夫妻は協力して公務に取り組むようになる。これは引退を考えていたメルバーン卿の望みでもあった。一八四二年、レーツェンが宮廷から去り、夫婦の絆はさらに深まる。

二人は一七年間で四男五女の九人の子どもをもうける。夫妻はともに寂しい子ども時代をすごした経験を持っていたことから、あたたかい家庭像に対する憧れが強かった。クリスマスにはドイツの伝統のクリスマスツリーを子どもたちの数だけ飾った。ロマンチックだった二人は、バッキンガム宮殿で、中世風や一八世紀のヴェルサイユ風など、テーマを決めた舞踏会もたびたび企画する。ワイト島のオズボーンハウス、スコットランドのバルモラル城、公務を離れ家族で休暇を楽しむことも大切にした。

一八六一年はよき祖母として孫とかかわってくれた母が亡くなった。そして一二月一四日、最愛の夫アルバートが四二歳で急死する。二人の初めての子どもである長女がプロイセンに嫁いでから、夫は心のどこかに穴が空いたようだった。さらに皇太子アルバート・エドワード（一八四一〜一九一〇）の素行問題にも悩まされた。息子を早々に結婚させようとしたところ、さまざまな愚行が露見する。二人は息子を監視下におくため、オックスフォード大学から、アルバートが総長を務めるケンブリッジ大学に移籍させた。一一月末、夫は息子をたしなめるために、体調不良にもかかわらずケンブリッジに出向き、その帰路、床に伏し帰らぬ人となった。死因は、当時流行していた感染症、腸チフスだった。ヴィクトリアは冷たくなった夫の手をしばらく握り続けていたが、耐えきれず部屋を飛び出し泣き崩れた。夫の死は息子のせいだという考えがぬぐえなかった。彼女は国の公式行

末娘ベアトリス夫妻、孫たちと一緒にウィンザー城で昼食をとるヴィクトリア女王。女王の側にはお気に入りのインド人たちが仕えている。（The Illustrated London News /1896年2月8日）

事にも、社交界にも姿を見せず、夫との思い出が深いオズボーンハウスやバルモラル城に引きこもる。

夫の死を乗り越えて

国民は最初、ヴィクトリアに同情した。しかし一〇年以上その状態が続くと、公務に復帰しない彼女を批判する声も増える。保守的な新聞さえも「女王には公人としての義務があり、それを無視するのであれば君主制は失われるだろう」という忠告をするほどだった。共和主義者の台頭も許すことになる。実際には、イタリア統一、アメリカ南北戦争、娘の嫁いだプロイセンとの関係など、欧米諸国の問題にヴィクトリアは陰で関与していたが、国民の目に見える形での公務ではなかったため、評価はされなかった。

夫の死に対する諍《いさか》いから、公務の代行を皇太子に一任しなかったことも一因だった。そんなときに浮上したのが女王と馬丁《ばてい》のスキャンダルだ。彼はアルバートが雇ったスコットランド出身の男だった。女王は彼と、亡きアルバートのこと話すことが好きだった。しかし度を過ぎた重用に、不満を抱く身内も多く、女王は馬丁と秘密結婚をしたのではなどと、噂が一人歩きする。王室は危機を迎える。

頑なだったヴィクトリアを公の場に引っ張り出したのは、首相ベンジャミン・ディズレーリ（一八〇四〜八一）だった。ディズレーリはアルバートの人格を評価していた。彼がアルバート記念碑の建築に尽力したことをきっかけに、女王はディズレーリを信頼するようになる。政策面でも彼に共感した彼女は、首相を助けるために徐々に公務に復帰する。公の場に復帰したヴィクトリアが最初に会見を行ったのは日本の岩倉使節団だった。女王はディズレーリ内閣の帝国主義政策を全面的にバックアップし、一八七六年五月に、インド女帝となる。

一八八七年、ヴィクトリアの在位五〇周年記念式典ゴールデン・ジュビリーが行われた。ヴィクトリアは馬車でのパレードで国民の前に姿を現す。バッキンガム宮殿の大広間で午餐会も催した。この部屋が宴のために使われたのは、アルバート公が亡くなってから初めてだった。一八九七年には在位六〇周年の祝賀が行われる。英国史上初めての在位六〇周年の祝いは、ダイヤモンド・ジュビリーと呼ばれることとなった。バッキンガム宮殿からセント・ポール大聖堂までの馬車でのパレードに国民は熱狂した。大役を果たしたヴィクトリアだが、一九〇〇年四月にアイルランドを訪問して以降、疲労を見せるようになる。日記には「私もそろそろ休息が許されてもいい頃です。八一歳でしかも疲れ果てているのですからね」と書き綴った。

一九〇一年、脳出血を起こし彼女はベッドから起き上がれなくなる。一月二二日正午、枕元にすすり泣きながら立つ皇太子エドワードの存在に気づいたヴィクトリアは、手を広げるような仕草をして「バーティ」と呟《つぶや》いた。幼い頃からの彼の愛称だった。夫の死後ずっと憎み、でも見放すこともできなかった皇太子。これが判別できる彼女の最期の言葉となった。ベッドサイドに置かれたアルバートの肖像画と、子ども、孫に囲まれ一八時三〇分、ヴィクトリアは崩御した。八一年七か月二九日の人生だった。二月一日オズボーンハウスを出たヴィクトリアの棺《ひつぎ》は霊柩船でポーツマス、特別列車でロンドンのヴィクトリア駅まで移送される。そして二月四日、ウィンザー城のアルバートの眠る墓の隣に埋葬された。

Column

オズボーンハウス

ヴィクトリア女王の愛したオズボーンハウス。

結婚当初ヴィクトリア女王はウィンザー城、バッキンガム宮殿、そしてブライトンにあるロイヤル・パビリオンの三つの住まいを所持していた。しかしどの館も、子どもたちが自由に安全に遊べる庭がなかった。そこで彼女は、少女時代に母と二度訪れたことのあるワイト島に、家族でプライベートをすごすための私邸オズボーンハウスを建てることにする。建物の建築にはアルバートが積極的にかかわった。

一家は建物が完成すると一八四八年には年間に一二三日、一八五〇年代は平均六〇〜九〇日をオズボーンハウスですごした。アルバートは「ここからの眺めはナポリ湾を思い起こさせる」と満足し、女王も「この海も風もまったくもってイタリアのようだ」と日記に綴っている。ゼラニウム、ヘリオトロープ、オレンジの花、バラ、ジャスミン……窓を開ければ植物の香りに満たされる。一八五四年には子どもたちとすごすスイスコテージも完成する。オズボーンハウスはヴィクトリアの幸せな結婚生活の象徴となった。

女王亡きあと、オズボーンハウスは

家族の大きな肖像画が飾られている。

ドローイングルームはアンピール様式の強めな配色。

ヴィクトリア女王が亡くなった部屋。ベッドサイドにはアルバート公の肖像画が。

一九〇二年にエドワード七世により国民に開かれ、一部は病人の療養施設に改築された。一九〇四年五月にパビリオンの一階とテラス、スイスコテージ、ダーバーウィングが開放され、一九五四年には女王一家のプライベートルームがある二階も公開される。

英国紅茶ヴィクトリアンティー

リプトン社の産地直送をピーアールする広告。（1894年版）

一八三七年、即位したヴィクトリアが女王として家臣に最初に下した命令は「お茶とタイムズ紙を持ってきて」という内容だったといわれている。どちらも母が彼女に禁止していたものだった。それらがスムーズに彼女の元に届けられたときに、ヴィクトリアは、自分に命令できる者はもういないこと、女王になったことを実感したという。

ヴィクトリアが即位した年の一二月、インドのカルカッタ（現・コルカタ）に設置された茶業委員会に、アッサム地方で発見された茶の新種「アッサム種」の原種から作られた緑茶が届けられる。翌年の一一月、茶葉はロンドンに届く。ロンドンの茶商たちは新時代の幕開けに興奮し、多くの投資家がアッサムの製茶事業に興味関心を示す。一八三九年、ロンドンに「アッサムカンパニー」が設立され、カルカッタには支店「ベルガル茶業会社」が誕生した。アッサム茶はヴィクトリアンティーの名前で多くの人びとのティーテーブルに夢を添えることとなる。

この頃ヴィクトリアの寝室付き女官を務めていたのが第七代ベドフォード

公爵夫人アンナ・マリア・ラッセル（一七八三～一八五七）である。彼女は四年の月日を若き女王に尽くした。戴冠、結婚、出産、そして不名誉なスキャンダルのいくつか……。自領に戻った夫人の元には、宮廷の出来事のあれこれを聞きたがる客がひっきりなしに訪れた。先代からの借金返済のため、節制した生活をしていた公爵夫妻は晩餐に招く人の数を制限し、晩餐前のお茶の時間に多くの来客を受け入れ、もてなした。「ベドフォード公爵家には公爵夫人が一七～一七時半の間にお越しになる茶会がある」外国からの大使はそんな風に記録した。これがアフタヌーンティーの始まりといわれる。

ベドフォード公爵夫人アンナ・マリア。（1834年版）

　一八四〇年、英国は中国・清との阿《あ》片《へん》戦争を開戦する。戦争の要因は、長年続いた中国との茶貿易による赤字。そしてそれを解消するために秘密裏に行われていた阿片の密輸、中国側の自由貿易への消極的な態度などがあった。一八四二年、阿片戦争は英国の圧倒的勝利で幕を閉じる。割譲された香港では、本国と同じくアフタヌーンティーの習慣が流行する。また香港を拠点に、キュー・ガーデンのプラントハンターは茶産地へのアプローチを開始する。これまで秘技とされていた中国の茶の製法、苗木、種、さまざまなものがプラントハンターにより国外に持ち出され、インドのダージリン地区に植樹される。ダージリンに商業的茶園がオープンしたのは一八五二年だ。

　一八六〇年代に入ると、セイロン島（現・スリランカ）でも、アッサム種による茶栽培が開始される。中国からの茶の輸入も快速帆船の参入により、短縮される。茶の製造に揉捻機《じゅうねんき》も投入され、発酵度の高い茶の製造が可能になると、現在に近い「紅茶」の製法が確立される。伝統的な中国スタイルから脱した新しい時代のお茶は、英国紅茶ヴィクトリアンティーとして、労働者階級に圧倒的な支持を受けた。

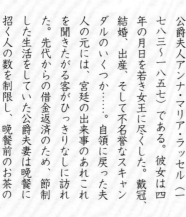

万国博覧会

一八五〇年一月、ヴィクトリアの夫アルバートを実行委員長に万国博覧会の計画が始まった。場所はロンドンのハイド・パークが選ばれた。会場は鉄とガラスで建築される。六か月という異例の工期で完成した建物は、クリスタルパレスの愛称で親しまれた。三四か国から約一〇〇万点の作品が展示される。

一八五一年五月一日、オープニングセレモニーが開催された。委員長としてアルバートから開催の報告がされ、女王による開会宣言が行われる。ヴィクトリアはその日の日記に、夫が一個人として多くの賞賛を受けたことに対する喜びを綴った。

万国博覧会の会場となったクリスタルパレス。

女王は会期中三四回も会場を訪れた。ミントン窯、ヘレンド窯、個人的な陶磁器の買い物も楽しむ。クリスタルパレス内は当時の国の政策に従い、「禁酒」が厳守された。アルコール類の代わりに提供されたのは紅茶だった。他国から参加した来場者たちは、男も女も行儀よく、酒類ではなく紅茶を楽しむ姿に感銘を受けたという。

万国博覧会を通しアルバートへの国民の評価も上がった。ロンドン万国博覧会で得た収益は、サウスケンジントン博物館（現・ヴィクトリア&アルバートミュージアム）や科学博物館、自然史博物館、ロイヤルアルバートホールなど、現在も英国を代表する文化施設の財源となった。ヴィクトリア&アルバートミュージアムには、万国博覧会の記念コーナーがある。

地方に住む国民は、ツアーを利用して
万国博覧会の見学にきた。

物語 18

アレクサンドラ・オブ・デンマーク

1844~1925

浮気癖のある皇太子と結婚

二〇世紀を迎えた英国王室で、皇太子妃アレクサンドラ・オブ・デンマーク（一八四四〜一九二五）は葛藤していた。貧しいながらも愛に満ちあふれた家庭で育ったアレクサンドラにとり、夫の浮気癖、義母や息子の嫁の王族としての気取った態度は理解できないことばかりだった。英国とデンマーク、どちらにいた方が自分は幸せだったのだろう。しかし英国に嫁いだことで、救われたこともあったのも事実だ。

一八四四年一二月一日、アレクサンドラはグリュックスボー公爵家の四男クリスチャン（一八一八〜一九〇六）とデンマーク王クリスチャン八世の姪ルイーセ（一八一七〜九八）の長女として生まれる。両親は名家の出だったが財政は厳しく、一家は王室から無料で借りた小さな館に暮らし、英語以外の子どもの教育は両親によって行われた。母の従兄弟フレゼリク七世（一八〇八〜六三）が即位した年、彼に跡継ぎがいなかったことから、アレクサンドラの母が保有する王位継承権を根拠に、父が推定相続人に指名された。アレクサンドラと三歳年下の妹マリア・ダウマー（一八四七〜一九二八）、九歳年下の妹は、美人三姉妹として社交界から注目を集めるようになる。

一八六一年、見合い話が飛び込んでくる。相手は英国の皇太子アルバート・エドワードだった。ドイツ贔屓《びいき》のヴィクトリア女王夫妻の意向で彼の花嫁はプロイセンの王女が有力だったが、皇太子の素行の悪さなどが理由で頓挫《とんざ》する。その年もエドワードは女優とスキャンダルを起こし世間を騒がせる。彼の父アルバート公は、息子の不祥事に心を痛めながら逝去する。一八六二年九月九日、二人は花婿の大叔父にあたるベルギー王レオポルド一世のラーケン王宮にて対面、婚約が成立する。婚約中、アレクサンドラはオズボーンハウスにいるヴィクトリア女王を訪ね歓迎された。

一八六三年はアレクサンドラの一家にとり輝かしい一年になった。三月一〇日ウィンザー城のセント・ジョージ礼拝堂で結婚式が行われた。女王はデンマーク的な要素が宮廷に持ち込まれることを好まず、皇太子妃のまわりにデンマーク人をおくことを許さなかった。アレクサンドラは英国への愛国精神を示すために結婚式では英国製のドレスを選ぶ。銀糸を織り込んだ絹に英国の国花を織り込んだホニトンレースでできたドレスに身を包んだアレクサンドラの美しさは、息をのむほどだった。同月、弟がギリシャ国王、一一月、父がクリスチャン九世としてデンマーク王に即位する。

コペンハーゲン市内にあるアマリエンボー宮殿に飾られた、
アレクサンドラと妹マリアの肖像画。

一八六四年一月八日、ウィンザー城のフロッグモア・ハウスで、アレクサンドラは長男アルバート・ヴィクター・クリスチャン・エドワード（一八六四〜九二）を産む。女王のたっての希望で、アルバート公の名をもらった。この年デンマークとプロイセン・オーストリア連合軍は領地をめぐり戦争となる。戦争は一〇月にデンマークの敗北で終結、アレクサンドラの心に禍根《かこん》が残る。翌年の六月三日、次男のジョージ・フレデリック・アーネスト・アルバート（一八六五〜一九三六）が誕生。立て続けの男児出産は王室を喜びに導いたが、故郷では再び悲しい出来事が起こる。妹マリアの婚約者、ロシア皇太子が急死したのだ。アレクサンドラは妹を気遣いコペンハーゲンに駆け付ける。マリアはその後、亡き婚約者の弟アレクサンドル・アレクサンドロヴィチ大公（一八四五〜九四）と結婚。ロシア正教に改宗しマリア・フョードロヴナとなる。

一八六七年二月に長女を出産後、アレクサンドラはリウマチ熱の合併症にかかり足が不自由になる。以後、杖代わりにパラソルを持つことにするが、これが新たなファッションだと社交界ではパラソルが大流行する。またアレクサンドラの首には瘰癧《るいれき》の手術による傷跡があり、それを隠すため髪を結い上げる際に、宝石をちりばめたチョーカーで傷跡を隠すと、このチョーカーも大流行する。美しい彼女の装いは多くの女性を魅了した。

ヴィクトリア女王からの極端な干渉

結婚生活は姑であるヴィクトリア女王の極端な干渉もあり窮屈だった。夫は結婚してからも女遊びをやめず、毎年出産を繰り返している妻を顧みることもなく、数多くの愛人を抱える。一八七〇年には、ある貴族から浮気の嫌疑を訴えられ、皇太子という立場ながら裁判所で証人として出廷するという不名誉を負う。裁判の心労がたたったのか、夫はアルバート公の死因となった腸チフスを患い、一二月には危篤状態に陥る。

普段は息子に冷たい女王も、このときばかりは二週間にわたりアレクサンドラとともにつきっきりで看病をした。エドワードはアルバート公の命日の一二月一四日に奇跡的に意識を取り戻す。しかし大病を患っても、彼の性根は治らなかった。夫は常に愛人や公式寵姫《ちょうき》を抱え、付き合った女性の数は一〇〇人以上。アレクサンドラは、見て見ぬふりを貫いた。

アレクサンドラは女王からの干渉を逃れるため、慈善事業に熱心に取り組む。慈善事業に関しては、姑も口は出さず「私を行事の緊張と疲労から解放するため、彼女はバザーを開き、コンサートに出席し、病院を訪れます」と評価してくれた。また姑は家族を大切にする性格だったため、アレクサンドラが実家の家族と親しくすることには寛容だった。一八七三年にはロシア皇太子妃マリアが、家族とともに訪英。久しぶりに姉妹でそろいのドレスを着て社交界に出たところ、美しい姉妹だと大いに話題となる。一八七七年には、療養を兼ね弟の治めるギリシャを訪問できた。

一八八一年三月、ロシアのアレクサンドル二世が爆弾テロにより殺害された。アレクサンドラは、渋る夫を説得し葬儀に夫妻で出席し、皇后となったマリアを慰めた。一八八五年には夫妻で二度目のアイルランドを訪問するも、ナショナリズムの団体に遭遇し、群衆にブーイングを浴びせられる。王室批判をする者が増えたことを実感する出来事だった。

一八八七年、女王在位五〇年式典のゴールデン・ジュビリーが催される。おおらかな性格のアレクサンドラだったが、この式典で義弟の妻と諍いを起こしてしまう。彼女は亡くなったアレクサンドル二世の皇女だったため、式典の席次で「小国デンマークの王女より、ロシア皇女の方が立場は上」と訴え、上席に着いたのだ。アレクサンドラは憤り抗議したが、無駄な抵抗だった。

一八九一年長男アルバートが女王のお気に入りの英国の王女メアリー・オブ・テック（一八六七〜一九五三）と婚約する。しかし翌年一月一四日にアルバートはインフルエンザと肺炎のため急逝。突然の出来事に、アレクサンドラはショックのあまり王室行事をしばらく欠席する。花婿を失ったメアリーは世間の同情も受け、次男ジョージと一八九三年七月にセント・ジェームズ宮殿で結婚した。翌年には孫エドワード（一八九四〜一九七二）が誕生する。メアリーは子育てにはいっさいかかわらず、子どもの教育を乳母や家庭教師に一任する。アレクサンドラは、嫁に子どもとの時間を持つように苦言するも、女王が彼女の味方だったため多勢に無勢だった。アレクサンドラは孫たちに、ときには母親のように接した。息子夫婦が外遊に出る際には、長期にわたり孫の面倒を引き受けた。

一八九七年にはヴィクトリア女王の在位六〇年式典のダイヤモンド・ジュビリ

ローブ、王冠をまとい王妃となったアレクサンドラの肖像画。(Supplement to The Sphere/1902年6月28日)

アレクサンドラ・ローズ・デーでは自らバラの花を手渡している。
（The Illustrated London News/1886年3月10日）

ーが開催される。アレクサンドラは貧民対象にロイヤルディナーを企画するも、寄付がなかなか集まらず中止も危ぶまれる。そのとき、匿名で大金の寄付が届く。のちに寄付者はスーパーマーケット業と紅茶の販売で巨万の富を築いた実業家トーマス・リプトン（一八四八～一九三一）だと判明する。貧困のなかで育ったリプトンは慈善事業に熱心で、その後も皇太子妃の活動の支援をする。ロンドンの貧民に、数ペンスで栄養のある食事を与えるという活動のために「アレクサンドラ基金」を立ち上げた際も、リプトンは一〇万ポンドの寄付をした。皇太子妃の推薦もありリプトン社は女王から王室御用《おうしつごよう》達《たし》に任命されナイトの称号も賜った。

エドワード七世の妃として

　一九〇一年一月二二日、ヴィクトリア女王が崩御したことにより夫はエドワード七世として即位。王妃となったアレクサンドラは女性初のレディ・オブ・ガーターの勲章を授与された。夫なりの妻への謝意だったようだ。戴冠式は夫の虫垂炎のため延期され、一九〇二年八月九日ウェストミンスター寺院で行われた。約七〇年ぶりに王妃の戴冠式用の王冠が作成される。式典でのアレクサンドラは、三〇代と見間違えられるほどの美貌を披露し国民を魅了した。

　即位に当たり彼女は、一万人の女性使用人を讃えるクイーンズ・ティーパーティーを開催する。出席者には「王妃より」と刻んだブローチが贈られた。もちろん費用はすべてアレクサンドラが持った。アレクサンドラは帝国軍看護サービスも設立。また一九〇八年には慈善活動の資金集めのために、自身が撮影した写真をまとめた『王妃のクリスマスギフトブック』と名付けた写真集を出版する。王室のプライベートな写真と同列に、王室のスタッフの写真を掲載したことは、大衆を喜ばせた。

　一九〇六年一月、父が崩御し、兄が即位する。アレクサンドラは夫を亡くしロシア皇太后となっていたマリアと共同名義で、コペンハーゲン郊外のヴィズウーア城を購入する。

　一九一〇年五月五日、弟のギリシャ王の元を訪れていたアレクサンドラに、エドワード七世の危篤の知らせが入る。急ぎロンドンに戻るが、翌日夫は息を引き取った。アレクサンドラは夫の友人をできる限り招き、最後の別れをさせたが、公式寵姫であるアリス・ケッペル（一八六九～一九四七）だけは、王の意識がなくなると寝室から立ち退かせたという。

　王太后となった彼女は宮殿から去り、慈善の道に生きる。一九一二年六月には病院設立のために「アレクサンドラ・ローズ・デー」を設立。患者たちが作った造花の白いバラをボランティアの女性たちと一緒に売り資金を集めた。ときには自らが看護師のユニフォームを着用し街頭に立つこともあったという。

　一九一四年第一次世界大戦が勃発すると、もともとドイツに対していい感情を持っていなかったアレクサンドラは、王家の家名を改名するよう息子に進言。ドイツ由来のサクス＝コバーグ＝ゴータ家から王宮のウィンザー城に因《ちな》んで、ウィンザー家への改名が実現する。

　一九一七年三月ロシア革命で甥のロシア皇帝ニコライ二世一家が暗殺される。妹のマリア皇太后がクリミア半島のヤルタに幽閉されたことを知ったアレクサンドラは、息子ジョージ五世に頼み、戦艦マールバラをクリミア半島に派遣させ妹を救う。彼女はすべてを失った妹を温かく迎え入れ、マールバラハウスやサンドリンガムハウスでしばらく一緒に暮らした。マリアはその後デンマークに戻り、二人で購入したヴィズウーア城で余生をごす。激動の時代のなかで妹の命を救えた瞬間、彼女は英国に嫁いだことを神に感謝した。

　一九二〇年代に入ると、アレクサンドラは体調の低下から社交界に姿を見せなくなる。そして一九二五年一一月二〇日、サンドリンガムハウスで八〇歳の生涯を閉じた。亡骸はウィンザー城のセント・ジョージ礼拝堂にある夫の隣に埋葬された。

Column

ファイブ・オクロック・ティー

　一九〇八年ロンドンオリンピックの際に、マラソンはウィンザー城からシェパーズブッシュ競技場の四二キロメートル弱をルートとしていたが、アレクサンドラはスタート地点を宮殿の庭、ゴール地点を競技場の国王と王妃のボックス席の中央に……と注文をつける。総距離は四二キロ一九五メートルと中途半端な数字になり、今日まで続く。

　アレクサンドラのアバウトな性格を許せなかったのが嫁のメアリーだ。彼女は義母の遅刻癖が理解できず、いらだちを募らせる。当時王室のアフタヌーンティーの時間は、一六～一七時半くらいの間にスタートしていたが、メアリーはこの曖昧な時間を嫌い、スタート時間を一七時と決め徹底させた。以後王室では「ファイブ・オクロック・ティー」が定番となる。

物語
19

メアリー・オブ・テック

1867~1953

格式と気品を守った最後の王妃

「自分の死により決して孫の戴冠式を延期しないように」と強く言い残したメアリー・オブ・テック（一八六七～一九五三）は、王室の気品と格式を、頑固なまでに守り通した最後の王妃だった。

　メアリーはドイツ貴族である父フランツ・フォン・テック（一八三七～一九〇〇）と、ジョージ三世の孫娘メアリー・アデレード・オブ・ケンブリッジ（一八三三～九七）の間に長女として生を享《う》ける。正式名は、ヴィクトリア・メアリー・オーガスタ・ルイーズ・オルガ・ポーリン・クローディン・アグネス。名付け親は母の従姉妹ヴィクトリア女王だった。英国の王族である母と結婚したことから、父はテック公の地位を得たが、一家の収入は女王から与えられる年金のみだった。女王は一家に、ケンジントン宮殿とリッチモンドのホワイト・ロッジに住むことを許したが、年金の増額は認めなかった。メアリーの両親は派手好きで、収入に見合わない生活を続けていたからだ。

　メアリーが生まれたのはケンジントン宮殿だったが、債務者から逃れる理由もあり、幼少期は両親とともに親戚が住む諸外国を転々とする生活を送る。気位の高かった母は、子どもたちの教育には熱心だった。メアリーは英語の他にフランス語とドイツ語も身につけた。

　一八歳になったメアリーは社交界にデビューするためにロンドンに戻る。そんなメアリーにすぐに結婚話が持ち上がる。相手は女王の孫、王位継承第二位のクラレンス公アルバート・ヴィクターだった。しかし婚約から六週間後、アルバートはインフルエンザにかかり急逝してしまう。国民は婚約者を失ったメアリーに同情を寄せる。王位継承第二位は弟のヨーク公ジョージとなった。女王はメアリーを王室の花嫁として強く望んでいた。何より兄思いのジョージが、彼女との結婚を望み、一八九三年七月六日、二人はセント・ジェームズ宮殿で結婚した。英国の王子が英国の王女を妃にしたのは、初めてだった。

　メアリーは聡明かつ気丈な性格で、王家の娘であることに誇りを感じていた。そのため、王室の規律を大切にし、保守派の貴族から厚い信頼を得る。夫の両親である皇太子夫妻は常に自由でいることを好んだが、ジョージとメアリーはヴィクトリア女王に倣って厳格で堅実な王家を理想としていた。結婚後、サンドリンガムハウスに定住した二人は五男一女をもうける。メアリーは王室の伝統にのっとり、子どもたちの世話を乳母と家庭教

バッキンガム宮殿で描かれたジョージ５世、メアリー王妃、皇太子エドワード、メアリー王女の肖像画。
（The Illustrated London News/1935年5月4日）

師に一任する。義母のアレクサンドラは、子どもには母の愛情を……と苦言を呈してきたが、無視した。

一九〇一年一月二十二日、敬愛するヴィクトリア女王が崩御し、義父エドワード七世が即位する。しかし二人は、女王の葬儀に参加するとまもなく、オーストラリアの第一回目の議会開会式に王の名代として臨席するため、同年三月、海外自治領への旅に出発する。九か月の長旅だった。

義父の御代《みよ》は長く続かず一九一〇年五月五日、患っていた気管支炎が悪化、危篤状態になる。義母は調子の悪い夫をおいて、自分の弟を訪ねにギリシャ旅行に出かけていた。国王の容体は回復しなかった。五月六日夜、慌てて帰国したアレクサンドラ王妃と子どもたちに看取られながらエドワード七世は六八歳で崩御した。

第一次世界大戦と家名変更

夫はジョージ五世、メアリーは王妃となった。翌年の六月二二日、ウェストミンスター寺院で戴冠式が行われた。一二月一二日にはインドのデリーで、インド皇帝としての戴冠式も執り行われた。インドまでは多くの貴族も同行したため、式典は華やかなものとなった。

一九一四年、二人は初の公式訪問先に英仏協商一〇周年を記念して、フランスのパリを選ぶ。フランス語に堪能なメアリーは、夫を外交面で支えた。しかしフランスへの公式訪問直後に、世界を戦慄《せんりつ》させる事件が起こる。六月二八日、オーストリア皇太子夫妻が、セルビア人の青年により暗殺されたサラエボ事件をきっかけに第一次世界大戦が勃発したのだ。八月四日の夜、英国はドイツに宣戦布告をする。世界の経済大国を巻き込んだ第一次世界大戦は、連合国（英国、ロシア、フランス）と中央同盟国（主にドイツ、オーストリア）とで戦われた。やがて日本、アメリカも連合国側に加わり、戦いは一九一八年一一月一一日まで長引く。

大戦中、ヨーロッパ中で王室の存在意義や能力が問題視されるようになり、名だたる王家が没落の道を歩んだ。国民の反ドイツ感情に英国王室は迅速な対応を取った。メアリーの実家テック家は称号を放棄、新たにケンブリッジ侯爵に叙される。ドイツ皇帝らのガーター騎士団員としての資格を剝奪、さらに一九一七年七月一七日、ドイツ由来だった家名サクス＝コバーグ＝ゴータ家を、居城に因んでウィンザー家と改称することを発表。メアリーも母方の英国系の血筋を全面的に押し出して、夫をサポートした。質素倹約に徹し慈善に励む国王夫妻の姿は国民の心を打ち、支持率は上がった。

王室で無意味に続いていた八コースからなる贅沢な朝食も整理した。メアリーは栄養バランスを考えたうえで、今日のブレックファーストの基礎となるものを築く。ベーコンやソーセージを焼いたもの、卵焼きやスクランブルエッグ、ベイクドマッシュルームやトマト、羊やニシンの燻製《くんせい》などの盛り合わせ、ヨーグルトやフルーツ、パン、紅茶、オレンジジュースなど。「クイーン・メアリー・スタイル」と呼ばれた朝食は大衆に支持された。

倹約家の反面、彼女は自分の趣味には財を費やした。一九二一年から三年かけて作らせた「メアリー王妃のドールハウス」もその一つだ。ドールハウスは一二分の一のスケールで作られた。家具はすべて本物を元に作られたもので、灯りは実際に点灯させることができ、水も流せた。ドールハウスは、国民からメアリーへの贈り物として作られ、完成後その観覧料をチャリティー資金に充てる形で公開展示され、現在もウィンザー城に展示されている。

また彼女は宝石類にも目がなかった。しかし王室の財源は限られており、国民の手前そうそう大きな買い物はできない。彼女は訪問先の家で、その家に代々伝わる家宝を拝見すると、それをひたすらに褒めちぎった。褒められた側が「差し上げましょうか」と言わざるをえない状況に追い込むこともあった。彼女の宝石リストにはそのような事情から献上品の文字が多かったという。

戦後もアイルランドをはじめとする各英領植民地における独立運動の拡大や世界恐慌など、問題は山積みだったが、一

夫と息子と一緒のメアリー。生真面目そうな表情が印象的だ。
(The Illustrated London News/1910年5月10日)

九三五年、即位二五年のシルバー・ジュビリーの式典を無事迎えられた。ジョージ五世は長く肺の病を患っていた。また、第一次世界大戦中に落馬事故に遭い、戦後も傷の後遺症に悩まされていた。一九三六年一月二〇日、激動の時代を生きた王はサンドリンガムハウスで崩御した。後年ジョージ五世の死が、メアリー王妃の同意を得た「安楽死」であったことが公表される。

独身の皇太子がエドワード八世として即位し、メアリーは王太后となる。彼女は夫が戦火の中で守り通した王室を守るため、王室の品位を汚すような言動に対しては厳格な態度をとった。長男のエドワード八世は、義父エドワード七世似の好色家に育ち、あらゆる階級の女性と浮き名を流していた。一九三一年からはアメリカ人既婚女性ウォリス・シンプソン（一八九六〜一九八六）との交際が始まり、彼女を王妃にするため画策する。しかし家族、議会はもとより、国民からも猛烈な反発を受け、一二月一一日ラジオ放送を通じて彼女と結婚するために国王を退位することを発表、英国を去った。王室の権威を台無にした息子に、メアリーのショックは計り知れなかった。

未亡人となったメアリー王太后。生涯をかけて王室の権威を守り続けた。（Supplement to The Illustrated London News/1936年2月1日）

メアリー王太后

王位は次男に受け継がれジョージ六世（一八九五〜一九五二）が即位する。戴冠式は一九三七年五月一二日にウェストミンスター寺院で行われた。メアリーは、王太后は新王の戴冠式には出席しないという王家の規則を破り、息子の戴冠式に出席した。生来病弱なうえに吃音《きつおん》の障害をかかえたジョージ六世は、国王としての適性を不安視されていた。しかし兄と違い真面目な性格だった彼は、第二次世界大戦中も家族とともにバッキンガム宮殿やウィンザー城に残り、常に国民に寄り添う姿勢をとる。メアリーもそれに従いたかったが、国王はメアリーには疎開するよう希望する。メアリーは姪の嫁ぎ先であるバドミントン・ハウスへ七年間避難した。

第二次世界大戦後、孫エリザベスも結婚し、平和が訪れたと思われたのも束の間。一九五二年二月六日、ジョージ六世は肺癌を患いサンドリンガムハウスで五六歳の生涯を終えた。王太后となったメアリーの落胆は大きく、国民にもその悲哀が伝わった。

翌一九五三年三月二四日、孫娘エリザベス二世の戴冠式を見ることなくメアリーは満八五歳で崩御。亡骸はウィンザー城のセント・ジョージ礼拝堂に埋葬された。

バタフライハンドルのカップ

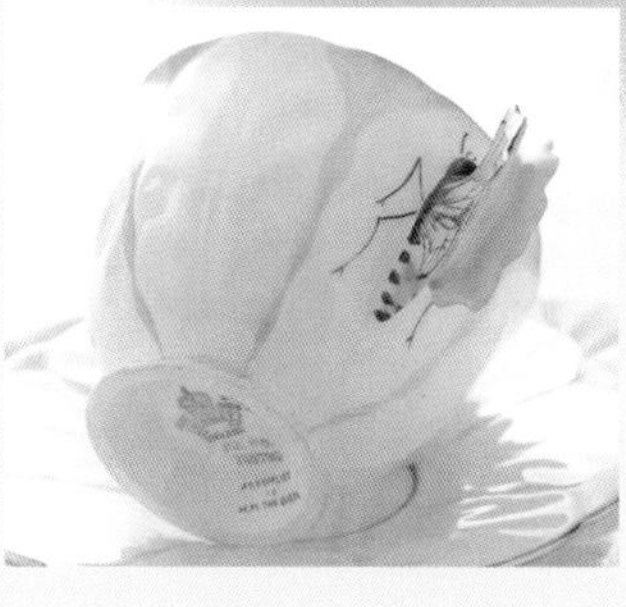

バタフライハンドルのティーカップはコレクターの多い作品だ。

一九世紀末、ジャポニスムの影響を受けて製作が始まったバタフライハンドルがついたティーカップは、二〇世紀に入るとよりデザインをポップなものに変えていく。

一九三一年七月、メアリーの長男エドワードは中産階級者に人気だったエインズレイ窯を訪問。アール・ヌーボーや、アール・デコスタイルに影響された、最新のモダンなティーセットを見学した。エインズレイ窯はその年の秋、チューリップ・シェイプのカップに、蝶のハンドルをあしらったバタフライシリーズを発表し、多くの人を驚かせる。チューリップの花弁をイメージした華奢《きゃしゃ》な素地は、向こうが透けるほど薄く、職人の技術が光っている。このバタフライハンドルのカップは「NO.765789」として意匠登録され、王妃メアリーに献上された。

つまみの部分に集中してハンドルをつかむと、指先がひんと伸び、とてもエレガントに見える。工業化が進み、自然が少しずつ失われていく時代、自然美を投影したバタフライハンドルのカップは多くの人の心に寄り添ったことだろう。

物語
20

エリザベス・アンジェラ・マーガレット・ボーズ＝ライアン

1900~2002

自由恋愛の末に

「クイーン・マザー」人びとが自分を呼ぶ声がする。思えば王妃であった月日より、女王の母として生きた時間の方が長くなってしまった。二度の世界大戦を生き抜いたエリザベス・アンジェラ・マーガレット・ボーズ＝ライアン（一九〇〇～二〇〇二）は、二〇〇二年三月三〇日、一〇一歳の天寿を全うした。

エリザベスは第一四代ストラスモア＝キングホーン伯爵となるクロード・ボーズ＝ライアン（一八五五～一九四四）の末娘として、一九〇〇年八月四日に誕生する。一九一四年、一四歳の誕生日に英国はドイツに宣戦布告、第一次世界大戦に参戦する。四人の兄たちは戦地に行く。一人が戦死し、一人が敵の捕虜となった。両親は居城グラームス城を、戦時負傷者の療養場所として開放、エリザベスも負傷者の看護を手伝う。戦争に対する憎しみ、悲しみはエリザベスの心に強く残った。

一九一九年、社交界デビューをしたエリザベスは、二年後英国王ジョージ五世の次男ヨーク公アルバート・フレデリック・アーサー・ジョージから求愛の手紙を受け取る。王子は生来病弱なうえに吃《きつ》音《おん》の障害を抱えており、重要な公務から外されていた。王子からの突然の求愛にエリザベスは戸惑い、彼を傷つけないように丁寧に断りをいれた。アルバートは失望するも、彼女以外の女性と結婚することは考えられないと公言する。一九二二年、アルバートの母王妃メアリーがグラームス城を訪問する。王妃は引っ込み思案だった息子のたっての願いを叶えたいとエリザベスに頼むも、彼女は応じなかった。二月、アルバートの妹の結婚式で二人は再会する。アルバートからの再びの求婚も、メアリーは固辞する。王族との結婚は自分の世界が変わってしまう。そんな冒険はできないと思っていたエリザベスだったが、再三のプロポーズと、アルバートの一途な人柄に少しずつ心がほぐれ、一九二三年一月一六日プロポーズを受け入れた。

結婚式は四月二六日にウェストミンスター寺院で行われた。エリザベスは祭壇に向かう途中、床面にある第一次世界大戦の戦没者を悼む無名の戦士の墓にブーケを捧げた。以降、王族の結婚式では、挙式の翌日に花嫁がブーケを無名戦士の墓に捧げることが慣例となる。自由恋愛を貫き通し、慈悲深い女性の心を射止めたアルバートは国民から賞賛される。

結婚後、二人は王室の一員として公務に従事する。アレクサンドラ王太后が死去した一九二五年、アルバートに試練がやってくる。ウェンブリーの大英帝国博覧会総裁職を兄から引き継ぐことになった夫は、就任のスピーチをするが、吃音の障害により失敗をしてしまう。心配したエリザベスは、オーストラリア人セラピストのライオネル・ローグ（一八八〇〜一九五三）に相談し、吃音症の改善の治療を始める。エリサベスは夫を献身的にサポートした。

王冠を賭けた恋

その年妊娠が判明する。結婚して二年、アルバートの病気が要因で二人の間には子が授からなかった。夫妻は人工授精という新しい医療技術を受け入れる。出産は小柄な母体の安全を考慮し、帝王切開で行われた。一九二六年長女エリザベス・アレクサンドラ・メアリー（一九二六〜二〇二二）が、一九三〇年には次女マーガレット・ローズ（一九三〇〜二〇〇二）も生まれる。姉「リリベット」、妹「マーゴ」愛らしい愛称で呼び合う二人の姉妹は、エリザベスの宝となった。

一九三六年は激動の年だった。一月二〇日義父ジョージ五世が崩御。義兄がエドワード八世として即位する。エドワード八世は離婚歴のあるアメリカ人女性ウォリス・シンプソンとの結婚を望み、議会と対立する。そしてとうとう一二月一一日「愛する女性なしには国王の任務を全うできない」と、退位を宣言する。世にいう〝王冠を賭けた恋〟の裏でエリザベスとアルバートは、子どもたちを抱え震えていた。夫は何度も兄に王位にとどまるように説得したが無駄だった。

夫はジョージ六世として即位、エリザベスは王妃となった。娘エリザベスは王位継承第一位になる。一九三七年五月一二日、ウェストミンスター寺院で戴冠式が行われる。愛は大切だ。でもその愛を貫くことにより、犠牲になる者がいること。彼女は家族を捨てた義兄を一生許さなかった。そして重い運命を背負わされた娘を憂いた。

新国王夫妻は、翌年からフランス、カナダ、アメリカ合衆国へ外遊をする。どの国の首脳陣もドイツに脅威を感じていた。一九三九年九月三日、ジョージ六世によるラジオの生放送で、英国はドイツに宣戦布告。第二次世界大戦が始まる。エリザベスは、赤十字社の活動を支援する資金集めのための書籍出版計画に協力。

アルバート王子とエリザベスの結婚式の肖像画。
（The Illustrated London News/1948年5月1日）

書籍の表紙に自身のポートレートを使うこと許可し、売り上げにも貢献した。一九四〇年九月一三日、ドイツ空軍機が投下した二発の爆弾がバッキンガム宮殿の中庭に着弾し、宮殿で執務中だった国王夫妻は九死に一生を得る。エリザベスは、軍、病院や被災地、低所得者の多いロンドンのイーストエンドを何度も慰問していたため「爆撃されたことに感謝しましょう。これでイーストエンドの国民に顔向けできます」と発言し、喝采を得る。英国民の士気を鼓舞する役割を果たすエリザベスは、敵から「ヨーロッパでもっとも危険な女性」と恐れられた。エリザベスは戦火を避けて自身がロンドンを離れることも、子どもたちをカナダに疎開させることも拒否する。一九四五年五月八日、ドイツが降伏する。国王夫妻は、ヨーロッパ戦勝記念日をバッキンガム宮殿のバルコニーで国民と祝った。翌年には長女エリザベスが結婚する。

ジョージ6世とエリザベス王妃の戴冠を記念した特集号。(The Illustrated London News Coronation Week Double Number/1937年5月8日)

一九五一年九月、夫の肺癌が判明する。一九五二年一月三一日、国王の代行として外遊に向かう娘夫妻を、夫とともにヒースロー空港で見送った。二月六日、ジョージ六世は就寝中に息を引き取った。王の葬儀に伴侶は出ないという英国王室のしきたりを破り、エリザベスは葬儀に出席した。

エリザベス二世の御代が始まる。エリザベスはスコットランドで一年間夫を悼んだ。息子の死に気落ちした義母メアリー王太后は、孫の戴冠を見ることなく息子の後を追うように亡くなった。一九五三年六月二日、娘の戴冠式が行われる。娘はまだ若く、公務、出産、育児との間で四苦八苦していた。エリザベスはロンドンに戻り、公務復帰を果たす。その量は王妃時代と変わらなかった。女王夫妻が外遊に出る際には、孫の世話も引き受けた。ただし、休暇もきちんととるようにした。スコットランド北岸のメイ城をプライベートな館とし、八月に三週間、一〇月に一〇日間、ここだけは仕事はしないと宣言する。競馬の障害競走の趣味も満喫した。

家族は視聴率の高いホームドラマのように事件だらけだった。次女マーガレットは離婚歴のある男と恋に落ち、エドワード八世の二の舞を踏みそうになる。ギリギリで思いとどまらせるも、そのことは彼女の深い傷となり、問題行動が目立つようになる。一九六〇年、写真家の男性と結婚するも、その後離婚した。

　孫には恵まれた。女王夫妻には三男一女、マーガレットには一男一女。しかしほとんどの子の結婚生活が困難だった。国民に歓迎されて結婚した皇太子チャールズ・フィリップ・アーサー・ジョージ（一九四八〜）とスペンサー伯爵の四女ダイアナ・フランセス・スペンサー（一九六一〜一九九七）の離婚劇はとくにひどかった。しかも両者の不倫、ダイアナの王室批判、王室内部からの離反者による暴露本の数々は王室の存続そのものを危機にさらした。ダイアナの祖母はエリザベスの女官を務めていた。互いの孫を結婚させたい、そんな年寄りの願望はすべてを不幸に導いてしまった。一九九七年、ダイアナはマスコミとのカーチェイスの末、事故死という壮絶な最期を遂げる。彼女の国葬はエリザベスの葬儀のために用意されていた式次で行われた。

軍隊を視察中のエリザベス。（1941年4月5日）

　老体のエリザベスは何とか生きながらえている。癌も患ったし、骨折はしょっちゅうだ。それが今では一〇〇歳を超え、そして公務も続けている。二〇〇二年、ジョージ六世崩御から五〇年を記念する式典に参加する。夫がこの世を去り、半世紀と思うと感慨深かった。その三日後、病を患っていた次女が七一歳で亡くなった。ウィンザー城のセント・ジョージ礼拝堂で執り行われたマーガレットの葬儀に、エリサベスは無理を押して車椅子で出席した。娘は離婚後、父と同じ墓に眠りたいと希望していた。ただその墓には嫁に行ったマーガレットの亡骸を納めるスペースはなかった。彼女は王室では異例の火葬を希望し、小さな骨壺に収められ夫と同じ墓に入った。

　愛娘を見送って一か月後の三月三〇日、エリザベスはエリザベス二世に見守られ、ウィンザー・グレート・パークのロイヤル・ロッジで一〇一歳の人生に幕を閉じた。二〇万人を超える国民が三日に渡りウェストミンスター寺院を訪れて別れを惜しんだ。亡骸は夫と娘と同じウィンザー城のセント・ジョージ礼拝堂に眠る。

物語
21

エリザベス二世

1926~2022

王女「リリベット」

「私の生涯は、たとえそれが長くても短くても、国民の皆さんと英連邦に捧げます」ジョージ六世の長女、エリザベス・アレクサンドラ・メアリー（一九二六～二〇二二）は二一歳の誕生日にそう誓った。

一九二六年四月二一日、エリザベスは、国王ジョージ五世の次男ヨーク公アルバート・フレデリック・アーサー・ジョージと第一四代ストラスモア伯爵の娘エリザベス・ボーズ＝ライアンの第一子として、ロンドンのメイフェアで生まれた。人工授精、帝王切開という最新の医学による出産だった。生まれた女の子は、母、曾祖母、祖母の名前にちなみエリザベス・アレクサンドラ・メアリーと命名される。しかし、幼い彼女が自分の名前を上手に発音できなかったため、「リリベット」という愛称で親しまれた。四年後には妹のマーガレットも誕生。姉妹は祖母メアリー王妃の方針から、家庭教師より男児と変わらない教育を受けた。

7歳のエリザベス２世。（1937年版）

一九三六年、祖父が崩御すると、伯父であるエドワード八世が即位する。彼はアメリカ人女性ウォリス・シンプソンと結婚を望むも、彼女がアメリカ人であること、離婚歴があること、二人の交際が不倫から始まったものであることなどが批判され、国民に祝福されての結婚は厳しい状況だった。議会から「王冠かシンプソン夫人かを選ぶように」と決断を迫られる。結果、伯父は王位を捨て、愛する女性とともにウィンザー公爵として国外で生きる道を選ぶ。

〝王冠を賭けた恋〟はエリザベスの運命を変えた。父はジョージ六世として即位、エリザベスは王位継承第一位の重要人物となる。エリザベスは幼い身でありながら、将来自分が国王になる覚悟をした。一九三七年五月一二日、ウェストミンスター寺院で父の戴冠式が行われる。エリザベスは妹とおそろいのドレスを着て参列した。

陸軍の英国女子国防軍に入隊

ジョージ六世は元来病弱な体質で、吃《きつ》音《おん》障害のハンディキャップもあり、国王としての重責に耐えられるか懸念されていたが、王妃の支えもあり、立派に勤めを果たしていく。一九三九年、第二次世界大戦が勃発。政府は王妃、二人の王女をカナダに疎開させることを提案するが、国王夫妻はこれを拒否、一家はバッキンガム宮殿やウィンザー城で執務を続けた。エリザベスとマーガレットは大戦中、チャリティーにも貢献する。また政府の要望により、国営のラジオ放送で、疎開している子どもたちへ、この困難をともに乗り越えようというスピーチを贈る。

エリザベスは成人すると、国王に代わり各地への激励訪問を重ね、さらには一九四五年二月、女性王族は従軍しないという慣例を破り、陸軍の英国女子国防軍に入隊する。彼女は名誉第二准大尉として、軍用車両の整備や弾薬管理などに従事したほか、大型自動車の免許を取得し、軍用トラックの運転も行う。成人の祝いには父からコーギー犬のスーザンが贈られた。エリザベスはスーザンの子孫を一四世代にわたって愛犬とした。

フィリップとの恋を成就

戦時下のなか、エリザベスは将来の夫となる五歳年上のハンサムな海軍中尉フィリップ・プリンス・オブ・グリース（一九二一～二〇二一）と愛を育む。フィリップはギリシャ王国の王子とヴィクトリア女王の曾孫の長男として誕生するが、一歳の誕生日直前にクーデターにより王族の地位を追われる。その後母方のマウントバッテン家に引き取られ、海軍兵学校に入学する。一九三九年七月、ジョージ六世の母校王立海軍兵学校を国王一家が慰問した際、エスコート役に任命されたのが士官候補生だったフィリップだった。一三歳のエリザベスは、テニスコートのネットをひらりと飛び越えた彼にひとめ惚れをする。大戦中は戦地に出たフィリップと文通で交流を深める。一九四六年夏、フィリップはエリザベスにプロポーズ、翌年婚約が発表される。彼は英国国教会への改宗を行い、ギリシャ王子及びデンマーク王子の地位を放棄、英国に帰化した。

一九四七年一一月二〇日、ウェストミンスター寺院で結婚式が執り行われる。エリザベスのウェディングドレスは世相のため二〇〇枚の配給チケットで手に入れた絹で製作された。約四メートルのトレーンを引くエリザベスの幸せそうな姿は、英国中に報道される。フィリップにはエディンバラ公爵の称号が与えられた。

結婚翌年には王位継承者となる長男チャールズ・フィリップ・アーサー・ジョージが誕生する。一九五〇年には長女、

エリザベス2世とフィリップの結婚式の特別版。(The Illustrated London News Royal Wedding Number/1947年)

エリザベス２世の戴冠式の肖像画。（The Illustrated London News Coronation Number Queen Elizabeth Ⅱ/1953年）

一九六〇年には次男、一九六四年には三男と、四人の子宝にも恵まれた。

肺癌を患い病床に伏した父に代わり、エリザベスは、夫とともに世界各地を外遊する。一九五二年一月三〇日、ヒースロー空港で国王夫妻に見送られ、エリザベス夫妻は東アフリカへ旅立つ。二月六日、ジョージ六世は就寝中に崩御。訃報は夫フィリップより告げられた。ケニアから帰国した彼女は、エリザベス二世として民衆に迎えられる。

エリザベス二世としての輝かしい功績

即位から一年後の一九五三年六月二日、ウェストミンスター寺院で戴冠式が行われる。エリザベス二世の提案で、ドレスには英連邦一三の国を象徴する植物が刺繍された。戴冠式の様子は式前後のパレードの様子も含め、史上初めてテレビ中継され、四五か国で放送された。戴冠式後の昼食会のために考案された冷製チキンをクリーミーなカレーソースであえた料理は後に「コロネーションチキン」として大衆に愛される。

即位後エリザベス二世は、古くからの伝統にもとづいたスケジュールで生活した。クリスマスと年始は、ノーフォークのサンドリンガムハウスですごす。イースターの式典であるロイヤル・マウンディ、五月の国会開会式にあわせ、バッキンガム宮殿に戻る。ロンドンにいる間の週末はウィンザー城ですごす。六月のガーター勲章の授与式、ロイヤル・アスコットを終えると、夏にはエディンバラのホリールードハウス宮殿に行き、その後スコットランドのバルモラル城に一〇月まで滞在する。一一月の戦没者追悼記念日の前に再びバッキンガム宮殿に戻る。休暇中であっても女王の元にはロンドンから毎日真っ赤なトランク、通称レッドボックスに入れられた機密書類が届く。女王はそれらに、毎日目を通しているので厳密にいえば完全な休暇はない。

エリザベス二世は英連邦に加盟する国への訪問、他国との外交にも尽力する。訪問した国は一一九か国にのぼる。自分が注目を浴びるということを認識していた女王は、公務の際には遠くからでも、自身の姿を人びとが見つけられるように原色を基本としたコートドレス、おそろいの帽子というスタイルを作る。傘をさす必要にせまられたときには、自分の姿を隠さないように、鳥かご型の透明な傘をさす。傘の縁取りと持ち手は、ドレスの色とおそろいをルールとした。

公務に邁進するエリザベス二世だが、私生活では困難なことが相次ぐ。妹マーガレットは離婚歴のある軍人と恋に落ち、伯父と同じく政府の反対にあう。エリザベス二世は立場上反対の意向をとるしかなくなり、姉妹の仲は険悪になってしまう。その後カメラマンと結婚するもマーガレット夫婦は数々のスキャンダルのうえ、離婚。女王の夫という複雑な立場に立たされている夫フィリップにも、浮気や隠し子の噂が絶えなかった。外交上問題になるような夫の失言問題も、妻としてのエリザベスと、女王としてのエリザベスを悩ませた。

四人の子どもたちのスキャンダルも世間を賑わせる。長女、次男の離婚。長男チャールズ皇太子とダイアナのダブル不倫からの離婚劇は泥沼だった。一九九七年、ダイアナはパリで事故死する。エリザベス二世はバルモラル城でダイアナの訃報を聞いた。彼女は孫たちへの慰めを優先し、公には声明を出さなかった。そんなエリザベスの態度に、大衆は「冷たい」「感情がない人」と失望し、ダイアナを失った国民の悲しみや怒りは女王批判につながる。君主として人前で感情を表すことはしないというポリシーを貫いてきたエリザベス二世だったが、世間が自分を見る目を冷静にジャッジし、最終的には、ダイアナを弔う異例のスピーチを発信し、国葬で彼女を見送ることに同意する。

　それ以後彼女は喜怒哀楽のプラスの感情を人前でも見せるようになる。二〇一三年六月、王室主催競馬レース「ゴールド・カップ」で女王の保有する馬が勝利を収める。英国君主が保有する馬が勝利するのは二〇七年の歴史で初めてだった。女王は喜びをあらわにし、孫娘と抱き合い飛び跳ねた。そして次男から満面の笑みでトロフィーを受け取った。国民はそんな女王にますます敬愛を深める。

　二〇〇二年、妹マーガレットと母エリザベスが相次いでこの世を去る。

　許すことは難しいことだ。父が亡くなったとき、祖母と母は葬儀に参列した伯父ウィンザー公を冷遇する。戴冠式への出席は、首相を通し辞退してもらった。しかし過去の遺恨をそのままにしては前進できない。一九六五年、パリからロンドンまで最新式の眼の手術を受けにきたウィンザー公をエリザベス二世は見舞った。これを機に、ウィンザー公は王室の公式行事に夫婦で参加するようになる。一九七二年には、末期癌に侵された伯父を見舞いにフランスに行く。彼の亡骸はウィンザー城の王室の霊廟に迎えられた。二〇一七年、孫ヘンリー王子（一九八四〜）が離婚歴のあるアメリカ人女性と結婚、その後王室離脱宣言をし、アメリカに去る。歴史は繰り返す。王室の権威と、個人の自由。息子、孫の時代は、ますます難しい局面を迎えるだろう。

　二〇一七年、夫のフィリップ王配が九六歳で公務の引退を決める。エリザベス二世も二〇一六年からは公務の一部をチャールズ皇太子へ引き継いで、その後も年間二〇〇件の公務を担っていた。二〇二〇年四月、世界的な新型コロナウイルスのパンデミックの際は、スピーチで国民を励ました。一九三二年から始まった国王のクリスマススピーチ以外でエリザベス二世が臨時のスピーチをしたのは、即位後六八年間で五回目だった。女王は最前線で尽力している医療関係者をねぎらうとともに、「一致団結し、毅然として対応すれば克服できる」と国民に協力を求めた。スピーチの中でエリザベス二世は第二次世界大戦中にはじめて行ったスピーチにもふれた。そして一九四〇年代、国民的応援歌となった歌謡曲の歌詞を引用し「よりよい日は巡ってくる。また会いましょう」と国民に呼びかけた。

　二〇二一年四月、夫フィリップが九九歳で天国に召される。在位五〇周年のゴールデン・ジュビリー、在位六〇周年のダイヤモンド・ジュビリーは夫とともに祝った。二〇二二年の英国王室初の在位七〇周年のプラチナ・ジュビリーは夫なしでバルコニーに立った。

　二〇二二年九月八日、エリザベス二世はバルモラル城で永遠の眠りに就いた。亡骸はウェストミンスターホールに安置され、六日間で二五万人の国民が別れを告げた。九月一九日に国葬がウェストミンスター寺院で執り行われ、亡骸はウィンザー城の国王ジョージ六世記念礼拝堂に両親、妹、夫とともに埋葬された。二一歳の誓いを、全身全霊で全うしたエリザベス二世の生涯は、世界中の人びとに感動を与えた。

物語
22

ダイアナ・フランセス・スペンサー

1961~1997

世界で一番幸せな皇太子妃
ダイアナ

ダイアナ・フランセス・スペンサーは一九六一年七月一日、オルソープ子爵（一九二四〜一九九二）の三女として誕生した。両親は不仲で、アルコールに依存する父に愛想を尽かした母は愛人を作り、ダイアナが六歳のときに別居する。一九六九年、両親は正式に離婚。

ダイアナは情緒不安定になり、過食と嘔吐を繰り返す摂食障害が始まる。九歳で寄宿学校に入学するも勉強は苦手だった。一二歳で姉たちも通った寄宿学校に転入する。ここで彼女はボランティア活動に目覚める。学校の教師は、彼女には弱い立場の人の心を察する特別な能力があることを評価した。一四歳の年、父は第八代スペンサー伯爵を相続、一家はオルソープ邸に引っ越す。

父はオルソープ邸を相続してから間もなく再婚。ダイアナはスイスの花嫁学校へ進学するも、わずか六週間で退学する。継母ともそりが合わず、成人を機に祖母の遺産と、社交界デビューで得た祝い金で、ロンドンにマンションの部屋を購入し、花嫁学校時代の友人たちと共同生活を始める。収入を得るためダイアナは二つの職業斡旋所に登録。富裕層の家庭の子どもたちの世話をしたり、家事を手伝ったり、犬の散歩をしたりして働いた。

彼女が最も関心を持った仕事が幼稚園の保母助手だった。充実した仕事のかたわら、彼女は料理学校やダンス教室にも通う。生活を謳歌するダイアナは輝きを増していく。

新生活を始めて半年がすぎた頃、ダイアナは姉とともに、幼少期をすごしたパークハウスに隣接している、サンドリンガムハウスで開かれた夏のパーティーに出席、姉から自身の交際相手としてチャールズ皇太子を紹介される。しかしほどなくして二人は別れる。この頃から皇太子は積極的にダイアナをデートに誘うようになる。彼が皇太子であるが故の悩みを吐露したことにダイアナは共感する。

一九八〇年末、ダイアナは皇太子の花嫁有力候補としてマスコミに追われるようになる。当時三〇歳をすぎていた皇太子は結婚を急かされていた。一九八一年二月皇太子はダイアナに正式にプロポーズ、婚約発表が行われた。

結婚式は七月二九日、セント・ポール大聖堂で挙げられた。ふんわりと大きく広がったパフスリーブのウェディングドレス、八メートルもある長いチュールのヴェールで現れたダイアナは、お伽話の中のプリンセスだった。結婚式の様子は七〇か国で放送された。

ダイアナ妃が描かれた絵皿。

世界で一番幸せな皇太子妃ダイアナ。そのイメージとは異なり新婚当初からダイアナはさまざまな悩みを抱える。結婚前、両親の干渉も少なく、自由に生活してきた彼女は王室のルールになかなか慣れることができなかった。ストレスから彼女の精神は不安定になり、幼少期に患った過食症の症状が再開する。

結婚式が終了してもマスコミの目にさらされ、プライベートのない生活に疲れ果てたダイアナは、公務の同行を拒否したり、自傷行為を繰り返したり、人前で泣いたり、苛立ったりする行動を繰り返すようになる。このような感情的な行動は、人前で感情を表さないように教育を受けてきたチャールズには理解しがたかった。皇太子は彼女の感情の爆発にどう接すればいいのか困惑、やがていつまでも王室に適応しないダイアナにうんざりし、田舎のハイグローブ邸で過ごすことが多くなる。

夫とカミラ・シャンドの不倫

一九八一年ダイアナは妊娠する。宮殿でなく、最新の医療設備がある病院で長男ウィリアム・アーサー・フィリップ・

ルイ（一九八二〜）を産んだ。育児に関しても王室の伝統を打ち破り、できる限り子どもたちを自分の手で育てることを希望した。そんな彼女の子育て方針に、チャールズも共感。秘書官たちの反対を押し切って公務への出席を減らし、子育てに時間を割く。しかし王配である父から、公務をないがしろにするなと批判され、公務を優先せざるえなくなる。ダイアナは、皇太子の公務の重要性を理解しておらず、彼に失望する。さらに次男ヘンリー・チャールズ・アルバート・デイヴィッド（一九八四〜）が生まれた際、皇太子が「二番目は女の子がよかった」と口にしたことで、夫に対する信頼が失われる。

夫とカミラ・ローズマリー・シャンド（一九四七〜）のダブル不倫もダイアナを苦しめた。チャールズとカミラは一九七二年に知り合う。彼女は、皇太子のポロ仲間アンドリュー・パーカー・ボウルズ（一九三九〜）の恋人だった。プレイボーイだったアンドリューに振り回されるカミラの相談にのるうちに、愛が芽生えていく。彼はカミラとの結婚を望むが、恋愛遍歴のある年上の女性は皇太子の相手にふさわしくないと考えた王室は、チャールズを海軍の任務でインドに派遣する。帰国したとき、カミラはアンドリューと結婚していた。しかしアンドリューは結婚後も愛人を作り、チャールズとカミラの関係も復縁する。

その後チャールズがダイアナと結婚したことで、一時離れていた二人だったが、皇太子がハイグローブですごす時間が長くなったことにより、よりが戻る。孤独に耐えられなくなったダイアナは、王室警護係や王子たちの馬術コーチである近衛騎兵将校との不倫に走る。一九九二年、皇太子とカミラ夫人との携帯電話の通話内容がマスコミに暴露され、続く一九九四年にはダイアナの元恋人の将校が『恋するプリンセス』と題した赤裸々な暴露本を出版する。二人の冷え切った夫婦関係は国民の前にさらされることになる。

ダイアナは一九九五年単独でテレビのインタビューに答え、結婚生活がうまくいっていないこと、自身の不倫のこと、離婚を望んでいないことを吐露。「この結婚には三人の人間がいて、少し込み合っていた」「私は人びとの心の中の王妃でありたいと思っている、ですがこの国の王妃であることではありません」の言葉は大々的に報道された。

一九九二年一二月、皇太子夫妻が別居生活に入ることを王室は正式に発表した。別居から離婚に至るまでの交渉は混迷し、王室の支持率にも大きな打撃を与える。ダイアナはエリザベス二世に仲介を求めるが、女王は皇太子とダイアナ双方に手紙を送り、早期離婚の決断を迫った。結果、皇太子側が離婚条件を譲歩する。巨額な慰謝料を一括支払いすること、ダイアナがケンジントン宮殿に引き続き居住し続けること、ダイアナのセント・ジェームズ宮殿の執務室の維持費を皇太子が拠出すること、王子二人の養育権は夫妻が平等に持つことを離婚条件に、一九九六年八月結婚生活は幕を閉じる。その前年カミラもアンドリューと離婚した。

慈善活動に熱心に取り組む

離婚後、労働党の政権が発足すると、ダイアナは国会の支持を得て、名誉職や後援者として国の公式行事に名を連ねたり、慈善活動の広告塔の役割を担ったりすることで結婚前の、自然体の自身の輝きを取り戻していく。

一九八七年ダイアナは英国初のエイズ

ダイアナのファッションをテーマにした着せ替え人形。

病棟を開いた病院を訪問し、手袋を着用せずにＨＩＶ陽性の患者と握手をする。「エイズはふれただけで感染する」という人びとの考えを覆すきっかけを作った。また地雷問題にも関心を持ち、テレビの取材チームと共に内戦の影響で地雷の多いアンゴラを訪問。地雷を撤去したばかりの空き地を歩き、地雷で足をなくした子どもを自分の膝にのせるなど、慈愛の態度で人びとに接した。自身が過食症に悩まされていたこともあり、麻薬やアルコール中毒者への支援も熱心に行った。

パパラッチに追われ悲劇の事故死

慈善活動で評価される一方、ゴシップ誌を賑わせるダイアナの男女関係のスキヤンダルも後を絶たなかった。未来の英国王の母である彼女の恋愛は、離婚後も自由ではなく、国民の注目を常に浴びた。彼女がイスラム教徒であるパキスタン人の医師と交際すると、マスコミは大きく批判した。ハロッズのオーナーの息子ドディ・アルファイド（一九五五〜一九九七）との派手な付き合いもマスコミの格好のネタとなった。

王室の記念グッズ。

一九九七年八月三一日の深夜、パパラッチに追われたダイアナとドディを乗せた車は、トンネル内の中央分離帯のコンクリートに正面衝突。ドディは即死、ダイアナは重傷を負う。病院へ搬送されたダイアナは、意識を取り戻すことなく、午前四時頃正式に死亡宣告を受ける。

事故があった時間、皇太子はエリザベス女王と子どもたちとともにバルモラル城で就寝していた。エリザベス二世は遺体を引き取ることに難色を示すも、皇太子はダイアナの姉二人とともに王室専用機でパリに出向き、ダイアナの亡骸をセント・ジェームズ宮殿へ運んだ。九月六日ダイアナのための準国葬「王室国民葬」が執り行われる。女王はバッキンガム宮殿の前に出てダイアナの棺を見送り、頭を下げて弔意を示した。

葬儀が終わるとダイアナの棺は、弟の手によりオルソープへ移送され、湖の中に浮かぶ小島に葬られた。遺骨が盗まれることを防ぐため、正確な場所はいっさい公表されず、墓碑も建てられていない。ダイアナの波乱に満ちた人生は、多くの大衆の心をつかんだ。彼女の愛した二人の息子は、それぞれが民間出身の女性と恋愛結婚をする。果たしてどんな人生が待っているのか。

ダイアナ亡きあと、チャールズは息子たちの信頼回復に努める。カミラとの付き合いは続くも、一九九九年までは二人で公の場に姿を現すことは控えた。チャールズの祖母エリザベス王太后は、「私が神に召されぬうちはカミラとチャールズの結婚はない」と断言していた。その祖母も二〇〇二年三月亡くなる。二〇〇五年四月九日、二人は結婚した。カミラはダイアナに配慮して、プリンセス・オブ・ウェールズを名乗らなかった。

二〇二二年二月エリザベス二世は、即位七〇周年のプラチナ・ジュビリーの前に、息子チャールズが王になったとき……と前置きし、「そのときが訪れれば、カミラが自ら忠実な奉仕を続けられるよう、王妃と呼ばれることを心より願っている」との希望を公にした。チャールズ三世とカミラ王妃はどんな歴史を織り上げていくのだろうか。

参考文献

『英国王妃物語』森護　河出書房新社　1994
『英国王室史話　上』森護　中央公論新社　2000
『英国王室史話　下』森護　中央公論新社　2000
『図説 イギリスの王室』石井美樹子　河出書房新社　2010
『肖像画で読み解く　イギリス王室の物語』君塚直隆　光文社　2010
『名画で読み解く　プロイセン王家12の物語』中野京子　光文社　2021
『イギリス王室1000年の歴史　新装版』指昭博監修　カンゼン　2021
『残酷な王妃と悲しみの王妃　2』中野京子　集英社　2015
『異国へ嫁した姫君たち　ヨーロッパ王室裏面史』マリー・クリスチーヌ　糸永光子訳　時事通信社　1989
『悪いお姫様の物語　おとぎ話のように甘くない24人の悪女の真実』リンダ・ロドリゲス・マクロビー　緒川久美子訳　原書房　2015
『キャロライン王妃事件〈虐げられたイギリス王妃〉の生涯をとらえ直す』古賀秀男　人文書院　2006
『ヴィクトリア女王　大帝国の“戦う女王”』君塚直隆　中央公論新社　2007
『エリザベス女王　史上最長・最強のイギリス君主』君塚直隆　中央公論新社　2020
『別冊歴史読本　プリンセス・ダイアナと英国王室物語』新人物往来社　2004
『キューガーデン　英国王室が愛した花々　シャーロット王妃とボタニカルアート』「キューガーデン 英国王室が愛した花々 シャーロット王妃とボタニカルアート」カタログ制作委員会　2021
『夢の英王室宮殿巡り』山中己充人　山中インターナショナル　1998
『A Queen on Trial: The Affair of Queen Caroline』E. A. Smith, The History Press, 2016
『Enlightened Princesses: Caroline, Augusta, Charlotte, and the Shaping of the Modern World (Icons of the Luso-Hispanic World)』Joanna Marschner (編集), David Bindman (編集), Lisa L. Ford (編集), Yale University Press, 2017
『Charlotte & Leopold: The True Story of the Original People's Princess』James Chambers, Old Street Publishing, 2008
『Discover Kensington Palace』Historic Royyal Palaces, 2012
『Kew Palace: The Official Illustrated History』Susanne Groom, Lee Prosser, Merrell, 2006
『George VI and Elizabeth: The Marriage That Saved the Monarchy』Sally Bedell Smith, Random House, 2023
『Catherine of Braganza: Charles II's Restoration Queen』Sarah-beth Watkins, Chronos Books, 2017
『Hannover: Kleine Stadtgeschichte』Waldemar Roehrbein, Pustet, Friedrich GmbH, 2015
『Hampton court Palace: The Official Illustrated History』Lucy Worsley, David Souden, Merrell, 2005
『King George II and Queen Caroline』John Van der Kiste, Sutton Pub, 1998
『The New Royals: Queen Elizabeth's Legacy and the Future of the Crown』Katie Nicholl, Hachette Books, 2022
『The Queen 70 Glorious Years: The Official Platinum Jubilee Souvenir』Royal Collection Trust, 2022
『The Young Victoria』Deirdre Murphy, Yale Univercity Press, 2019
『Queen Adelaide: Queen Victoria's Aunt』C.L. Sharman, C.L. Sharman Publishing, 2016
『Queen Alexandra: Loyalty and Love』Frances Dimond, History and Heritage Publishing, 2022
『Queen Mary』James Pope-Hennessy, Hodder & Stoughton, 2020
『Queen Mary of Modena:her Life and Letters』Martin Haile, Legare Street Press, 2022
『Queen Victoria's Buckingham Palace』Amanda Foreman, Lucy Peter, Royal Collection Trust, 2019
『William and Mary: Heroes of the Glorious Revolution』John Van der Kiste, The History Press, 2008

●著者略歴

Cha Tea 紅茶教室（チャ ティー こうちゃきょうしつ）

二〇〇二年開校。山手線日暮里駅近くの代表講師の自宅（英国輸入住宅）を開放してレッスンを開催している。

著書に『お家で楽しむアフタヌーンティー』『図説 ヨーロッパ宮廷を彩った陶磁器』『図説 英国ティーカップの歴史』『図説 英国紅茶の歴史』『図説 ヴィクトリア朝の暮らし』『図説 英国 美しい陶磁器の世界』『図説 英国の住宅』など（ともに河出書房新社）、『名画のティータイム 拡大でみる60の紅茶文化事典』（創元社）、監修に『紅茶のすべてがわかる事典』（ナツメ社）。

二〇二一年荒川区西日暮里に「紅茶専門店 Cha Tea」オープン。

HP https://chatea.tea-school.com/
Twitter @ChaTea2016
Instagram @teaschool_chatea

ふくろうの本

図説 英国 クイーンとプリンセス

二〇二三年 五 月二〇日初版印刷
二〇二三年 五 月三〇日初版発行

著者…………Cha Tea 紅茶教室
装幀・デザイン…………水橋真奈美（ヒロ工房）
発行者…………小野寺優
発行…………株式会社河出書房新社
〒一五一-〇〇五一
東京都渋谷区千駄ヶ谷二-三二-二
電話 〇三-三四〇四-一二〇一（営業）
〇三-三四〇四-八六一一（編集）
https://www.kawade.co.jp/
印刷…………大日本印刷株式会社
製本…………加藤製本株式会社

Printed in Japan
ISBN978-4-309-76326-2